Unter dem Namen Goethes ging bald nach dem Zweiten Weltkrieg durch die Presse ein Wort der zornigen Verachtung gegen die Deutschen. Es wurde immer wieder nachgedruckt und nachgesprochen und sogar im Nürnberger Kriegsverbrecher-Prozeß als eine Art Expertise benutzt. Was da mit dem vertrauenerweckenden Zusatz umlief: ›Aus Riemers Mitteilungen über Goethe, Insel-Ausgabe‹, war jedoch der Novelle ›Lotte in Weimar‹ entnommen, wo der Autor ›seinen‹ alten Goethe so reden läßt.

Die Fälschung erregte den Wunsch: festzustellen, was Goethe wirklich über die Deutschen gesagt hat; und so ist diese Sammlung entstanden. Sie wurde zuerst 1948 gedruckt, im dritten Heft der Zeitschrift ›Vision‹; dann, vermehrt und mit einem Nachwort, Quellen-Nachweisen und Register versehen, in Buchform (Südverlag, Konstanz 1949).

Die gegenwärtige Ausgabe ist abermals um zahlreiche Äußerungen Goethes erweitert. Die Nachweise sollen, wo möglich, den Leser in die Lage setzen, die einzelne Äußerung – wie sie abhängt von Anlaß, Stimmung, Absicht, aber auch vom Partner des Briefs, des Gesprächs; wie sie sich färbt, trübt, entstellt je nach dem berichtenden Dritten und seinem Vermögen des Aufnehmens und Wiedergebens; wie sie einer anderen, vielleicht fast gleichzeitigen zu widersprechen scheint, ja wirklich widerspricht – zu erkennen und zu bewerten; alle die Äußerungen aber, die so vielfach bedingten, in ihrer Einheit wahrzunehmen; der Einheit dieses einen; welche in seinem Verhältnis zu den Deutschen sich als ein stetiger Pulsschlag aus Liebe und Abstoßung darstellt. *Zur Ausgabe in der Insel-Bücherei, 1965.*

insel taschenbuch 325
Goethe
über die Deutschen

GOETHE
ÜBER DIE DEUTSCHEN

HERAUSGEGEBEN VON HANS-J. WEITZ
MIT DEM NACHWORT VON 1949, NACHWEISEN,
REGISTER UND ILLUSTRATIONEN

INSEL VERLAG

insel taschenbuch 325
Erste Auflage 1978
© Insel Verlag Frankfurt am Main 1978
Vertrieb durch den Suhrkamp Taschenbuch Verlag
Umschlag nach Entwürfen von Willy Fleckhaus
Satz: Weihrauch, Würzburg
Druck: Ebner, Ulm
Printed in Germany

Inhalt

Goethe über die Deutschen

1780-1795

›... von der Unfähigkeit der deutschen Nation, Laune zu empfinden. – Wenn man ihnen eine Blume zeigt, so fragen sie gleich: Riecht sie? Kann man Thee davon trinken? Dürfen wir es nachmachen?‹ *1*

›... es ist der Charakter der Deutschen, daß sie über allem schwer werden, daß alles über ihnen schwer wird.‹ *2*

[Winckelmann] ... ihm war es auch so deutsch Ernst um das Gründliche und Sichre der Altertümer und der Kunst. *3*

Von dem deutschen Kunstsinn und dem dortigen Kunstleben kann man wohl sagen: man hört läuten, aber nicht zusammenklingen. *4*

Es kostet mich Aufpassens, bis ich meine kleinliche deutsche Art abschaffe. *5*

Es ist sonderbar, daß die Deutschen mit mancherlei Kräften und Talenten so wenig Gefühl vom *Gehörigen* in den Künsten haben. *6*

Die Deutschen sind im Durchschnitt rechtliche, biedere Menschen, aber von Originalität, Erfindung, Charakter, Einheit und Ausführung eines Kunstwerks haben sie nicht den mindesten Begriff. Das heißt mit Einem Worte, sie haben keinen Geschmack. *7*

Sämtliche Künste lernt und treibet der Deutsche,
zu jeder
Zeigt er ein schönes Talent, wenn er sie ernstlich
ergreift.
Eine Kunst nur treibt er, und will sie nicht lernen,
die Dichtkunst.
Darum pfuscht er auch so; Freunde, wir habens
erlebt. *8*

[Wilhelm Meisters Lehrjahre]... eine Art von problema-
tischer Komposition ..., wie sie die guten Deutschen
lieben. *9*

Nichts wünschenswerter wäre für einen Schriftsteller, der
sich schmeicheln darf, ein geneigtes Gehör bei seiner Nation zu finden, [als] als Organ des tätigen, anführenden,
rettenden Teils der Nation aufzutreten, da so viele ihr Talent mißbrauchen, gefährliche Schwingungen zu vermeh-
ren und den kleinen, widerstrebenden, hindernden Parteisinn zu begünstigen ...
Soll ich aufrichtig sein, so muß ich bekennen, daß es noch
eher möglich sein möchte, die gebietende Klasse Deutschlands zu einem übereinstimmend wirkenden Verteidi-
gungsplan zu bewegen, als ihnen Zutrauen gegen ihre
Schriftsteller einzuflößen ... Übrigens darf ich versi-
chern, daß in meine Meinungen und Absichten sich diese
Zeit her nichts eingemischt habe, dessen sich ein biederer
Deutscher schämen dürfe. Leider muß man nur meisten-
teils verstummen, um nicht, wie Cassandra, für wahn-
sinnig gehalten zu werden, wenn man das weissagt, was
schon vor der Tür ist. *10*

› Wenig Deutsche, und vielleicht nur wenige Menschen aller neuern Nationen, haben Gefühl für ein ästhetisches Ganze; sie loben und tadeln nur stellenweise; sie entzükken sich nur stellenweise ... ‹ *11*

[Serlo] ... er war am Ende doch ein Deutscher, und diese Nation gibt sich gern Rechenschaft von dem, was sie tut. *12*

Wann und wo entsteht ein klassischer Nationalautor? Wenn er in der Geschichte seiner Nation große Begebenheiten und ihre Folgen in einer glücklichen und bedeutenden Einheit vorfindet; wenn er in den Gesinnungen seiner Landsleute Größe, in ihren Empfindungen Tiefe und in ihren Handlungen Stärke und Konsequenz nicht vermißt; wenn er selbst, vom Nationalgeiste durchdrungen, durch ein einwohnendes Genie sich fähig fühlt, mit dem Vergangnen wie mit dem Gegenwärtigen zu sympathisieren; wenn er seine Nation auf einem hohen Grade der Kultur findet, so daß ihm seine eigene Bildung leicht wird; wenn er viele Materialien gesammelt, vollkommene oder unvollkommene Versuche seiner Vorgänger vor sich sieht, und so viel äußere und innere Umstände zusammentreffen, daß er kein schweres Lehrgeld zu zahlen braucht, daß er in den besten Jahren seines Lebens ein großes Werk zu übersehen, zu ordnen und in Einem Sinne auszuführen fähig ist.
Man halte diese Bedingungen, unter denen allein ein klassischer Schriftsteller, besonders ein prosaischer, möglich wird, gegen die Umstände, unter denen die besten Deutschen dieses Jahrhunderts gearbeitet haben, so wird, wer klar sieht und billig denkt, dasjenige, was ihnen gelungen ist, mit Ehrfurcht bewundern, und das, was ihnen mißlang, anständig bedauern ...

Aber auch der deutschen Nation darf es nicht zum Vorwurfe gereichen, daß ihre geographische Lage sie eng zusammenhält, indem ihre politische sie zerstückelt. Wir wollen die Umwälzungen nicht wünschen, die in Deutschland klassische Werke vorbereiten könnten.

... Nirgends in Deutschland ist ein Mittelpunkt gesellschaftlicher Lebensbildung, wo sich Schriftsteller zusammenfänden und nach Einer Art, in Einem Sinne, jeder in seinem Fache sich ausbilden könnten. Zerstreut geboren, höchst verschieden erzogen, meist nur sich selbst und den Eindrücken ganz verschiedener Verhältnisse überlassen; von der Vorliebe für dieses oder jenes Beispiel einheimischer oder fremder Literatur hingerissen; zu allerlei Versuchen, ja Pfuschereien genötigt, um ohne Anleitung seine eigenen Kräfte zu prüfen; erst nach und nach durch Nachdenken von dem überzeugt, was man machen soll; durch Praktik unterrichtet, was man machen kann; immer wieder irre gemacht durch ein großes Publikum ohne Geschmack, das das Schlechte nach dem Guten mit eben demselben Vergnügen verschlingt; dann wieder ermuntert durch Bekanntschaft mit der gebildeten, aber durch alle Teile des großen Reichs zerstreuten Menge; gestärkt durch mitarbeitende, mitstrebende Zeitgenossen: so findet sich der deutsche Schriftsteller endlich in dem männlichen Alter, wo ihn Sorge für seinen Unterhalt, Sorge für eine Familie sich nach außen umzusehen zwingt, und wo er oft mit dem traurigsten Gefühl durch Arbeiten, die er selbst nicht achtet, sich die Mittel verschaffen muß, dasjenige hervorbringen zu dürfen, womit sein ausgebildeter Geist sich allein zu beschäftigen strebt. Welcher deutsche geschätzte Schriftsteller wird sich nicht in diesem Bilde erkennen, und welcher wird nicht mit bescheidener Trauer gestehen, daß er oft genug nach

12

Gelegenheit geseufzt habe, früher die Eigenheiten seines originellen Genius einer allgemeinen Nationalkultur, die er leider nicht vorfand, zu unterwerfen? Denn die Bildung der höheren Klassen durch fremde Sitten und ausländische Literatur, so viel Vorteil sie uns auch gebracht hat, hinderte doch den Deutschen als Deutschen, sich früher zu entwickeln. *13*

Weit darf man nicht ins deutsche Publikum hineinhorchen, wenn man Mut zu arbeiten behalten will. *14*

Deutschland kann sich nicht entlaufen, und wenn es nach Rom liefe, überall wird es von der Platitüde begleitet, wie der Engländer von seinem Theekessel. *15*

1796-1805

›... wenn der Deutsche schenkt, liebt er gewiß.‹ *16*

Frage, was für Eindrücke großer Männer in ihrem Vaterlande zurück geblieben ... Durch Wirkung, durch Andenken und Verehrung. Hiervon in Deutschland keine
Spur. *17*

Germanus: incessum: gallinaceum – gestum: gladiato-
rium – vultum: effrenem – vocem: virilem – sermonem:
serium – mores: agrestes – habitum: varium nec tamen
exquisitum – in cantu: ululat exc. Belgis – in oratione:
durus et simplex – in consiliis: utilis – erga exteros:
agrestis et inhospitalis – in conversatione: imperiosus
ac intolerabilis – in amore: ambitiosus – in odiis: ultor –
in negotiis: laboriosus – insignes: religione et mechanicis
artibus – sapiunt: post factum – amat: audacem – in
studiis: serius et perseverans. *18*

Übertreibung und Einseitigkeit
Daß der Deutsche doch alles zu einem Äußersten
treibet,
Für Natur und Vernunft selbst, für die nüchterne,
schwärmt! *19*

Verlegene Ware
Was in Frankreich vorbei ist, das spielen Deutsche
noch immer,
Denn der stolzeste Mann schmeichelt dem Pöbel und
kriecht. *20*

Enthusiasmus suchst du bei deutschen Lesern? Du
Armer,
Glücklich, könntest du auch rechnen auf Höflichkeit
nur. *21*

Das Mittel
Willst du in Deutschland wirken als Autor, so triff sie
nur tüchtig,
Denn zum Beschauen des Werks finden sich wenige
nur. *22*

Deutsch in Künsten gewöhnlich heißt mittelmäßig... *23*

Deutsche Kunst
Gabe von oben her ist, was wir Schönes in Künsten
besitzen.
Wahrlich, von unten herauf bringt es der Grund nicht
hervor.
Muß der Künstler nicht selbst den Schößling von außen
sich holen?
Nicht aus Rom und Athen borgen die Sonne, die
Luft? *24*

Deutscher Genius
Ringe, Deutscher, nach römischer Kraft, nach griechi-
scher Schönheit.
Beides gelang dir, doch nie glückte der gallische
Sprung. *25*

Freunde, treibet nur alles mit Ernst und Liebe; die
beiden
Stehen dem Deutschen so schön, den ach! so vieles
entstellt. *26*

Deutscher Nationalcharakter

Zur *Nation* euch zu bilden, ihr hoffet es, Deutsche, vergebens;
Bildet, ihr könnt es, dafür freier zu Menschen euch
aus. *27*

Wenn es möglich ist, daß die Deutschen begreifen, daß
man ein guter tüchtiger Kerl sein kann, ohne gerade ein
Philister und ein Matz zu sein, so müssen Ihre schönen
Sprüche das gute Werk vollbringen. *28*

Der Deutsche sieht nur Stoff und glaubt, wenn er gegen
ein Gedicht Stoff zurückgäbe, so hätte er sich gleichge-
stellt; über das Silbenmaß hinaus erstreckt sich ihr Begriff
von Form nicht. *29*

›Nicht dem Deutschen geziemt es, die fürchterliche Bewegung
Fortzuleiten, und auch zu wanken hierhin und dort-
hin ...‹ *30*

[Künstler in Rom] Deutsche – Machen auch hier kein
Ganzes – Obgleich auch hier Sprache und Gewohnheit
sie verbinden – Die Geschichte zeigt bei ihnen noch mehr
als bei den anderen Nationen das Unsichere in Absicht
auf Richtung – Art von Studentenleben, das sowohl aus
den äußern als innern Verhältnissen entsteht – Starr-
sinn eines jeden produzierenden Individuums – Einfluß
entschiedener Vorzüge, Trippels pp. – Allzuhohe Schät-
zung eigner, – Allzuniedrige fremder Verdienste – De-
mut bloß gegen die Antiken und wenig moderne große
Meister ... *31*

[Nach dem Anhören einer neuen Oper von Cimarosa]
Ich habe dabei die Bemerkung gemacht, wie es möglich
wird, daß das Alberne, ja das Absurde sich mit der höchsten ästhetischen Herrlichkeit der Musik so glücklich
verbindet. Es geschieht dieses allein durch den *Humor*,
denn dieser, selbst ohne poetisch zu sein, ist eine Art
von Poesie und erhebt uns seiner Natur nach über den
Gegenstand. Dafür hat der Deutsche so selten Sinn, weil
ihn seine Philisterhaftigkeit jede Albernheit nur ästi-
mieren läßt, die einen Schein von Empfindung oder
Menschenverstand vor sich trägt. *32*

Man kann in Deutschland oft bemerken, daß derjenige,
der einen sogenannten Lieblingsschriftsteller der Nation
strenge tadelt, immer wegen eines bösen Herzens in Arg-
wohn steht, wenn auch seine Grundsätze und Argumente
die Güte seines Kopfs ziemlich in Sicherheit setzen. *33*

Sie sehen wohl, daß die Deutschen verdammt sind, wie
vor alters in den kimmerischen Nächten der Spekulation
zu wohnen. *34*

›Der Deutsche sitzt verständig zu Gericht.‹ *35*

Dem bescheidenen, wenig ruhmredigen Deutschen ist der
Glaube an sich selbst von je her etwas schwer geworden,
und doch kann ohne denselben nichts vollkommen wohl
gedeihen. *36*

Es ist in diesem Volke ein eignes Gemisch von Originalität und Nachahmerei. *37*

Der Deutsche ist überhaupt ernsthafter Natur, und sein Ernst zeigt sich vorzüglich, wenn vom Spiele die Rede ist, besonders auch im Theater. Hier verlangt er Stücke, die eine gewisse einfache Gewalt über ihn ausüben, die ihn entweder zu herzlichem Lachen oder zu herzlicher Rührung bewegen. *38*

Die ganze deutsche Masse der, ich will nicht sagen Theoretisierenden, wenigstens Didaktisierenden, vom Gründlichsten bis zum Flächsten, trennt sich in zwei Hauptteile, die leicht zu unterscheiden sind, deren Untertrennungen aber, in einem ewigen Wechsel des Anziehens und Abstoßens, durcheinander gehen, so daß man beim Erwachen morgens den als Widersacher antrifft, von dessen Teilnahme und Neigung beruhigt man gestern Abend zu Bette ging. *39*

Bei dem seltenen Charivari, das gleich im deutschen Publikum entsteht, wenn man vor ihm irgend eine Produktion aufstellt, hat der Schriftsteller wahrlich nötig, diejenigen zu vernehmen, die sich einstimmend verhalten. *40*

In Deutschland haben sich vor der persönlichen Satire nur die Anmaßlichkeit und das Scheinverdienst zu fürchten. Alles Echte, es mag angefochten werden wie es will, bleibt der Nation im Durchschnitt wert, und man wird den gesetzten Mann, wenn sich die Staubwolken verzogen haben, nach wie vor auf seinem Wege gewahr. *41*

Wenn die Deutschen nicht real gerührt sind, so sind sie ideal schwer zu rühren. *42*

›Das Rauchen ... macht dumm; es macht unfähig zum Denken und Dichten. Es ist auch nur für Müßiggänger, für Menschen, die Langeweile haben, die ein Dritteil des Lebens verschlafen, ein Dritteil mit Essen, Trinken und andern notwendigen oder überflüssigen Dingen hindudeln und alsdann nicht wissen, obgleich sie immer *vita brevis* sagen, was sie mit dem letzten Dritteil anfangen sollen ... Zum Rauchen gehört auch das Biertrinken, damit der erhitzte Gaumen wieder abgekühlt werde. Das Bier macht das Blut dick und verstärkt zugleich die Berauschung durch den narkotischen Tabaksdampf. So werden die Nerven abgestumpft und das Blut bis zur Stockung verdickt. Wenn es so fortgehen sollte, wie es den Anschein hat, so wird man nach zwei oder drei Menschenalter schon sehen, was diese Bierbäuche und Schmauchlümmel aus Deutschland gemacht haben.‹ 43

1806-1812

Wir sind in Deutschland sehr verständig und haben guten Willen, beides für den Hausgebrauch; wenn aber einmal etwas Besondres zum Vorschein kommt, so wissen wir gar nicht, was wir damit anfangen sollen, und der Verstand wird albern und der gute Wille schädlich. *44*

›... er habe ... sehr ernstlich an Cotta geschrieben, daß er jetzt besonders, wo Deutschland nur Eine große und heilige Sache habe – die, im Geiste zusammenzuhalten, um in dem allgemeinen Ruin wenigstens das bis jetzt noch unangetastete Palladium unserer Literatur aufs eifersüchtigste zu bewahren – dergleichen Frivolitäten, welche nur zum Gespött der Schadenfrohen und zum Geklatsche der Müßiggänger dienen, nicht in seinen Blättern hegen und pflegen müsse.‹ *45*

›Wir Deutsche waren im Bewußtsein unserer Tugenden früherhin im Ausdruck freier und loser, da wir jetzt bei ungebundenen Sitten zu einer Dezenz des Ausdrucks streben müssen.‹ *46*

Wenn sich Ihr Redakteur aber in einer politischen Zeitung so weit vergißt ... so muß man sagen, daß Deutschland von einer innern Fäulnis weit schlimmer angegriffen ist, als von einer äußern Gewalt, von der man doch wenigstens einsieht, was sie will und was sie kann. *47*

›Die ganze Preßfreiheit der Deutschen beruhte bloß darauf, daß jeder vom andern so viel Schlechtes und Böses sagen konnte als er Lust hatte.‹ *48*

Überhaupt wäre es zu wünschen, daß die Deutschen, die so vieles Gute leisten, indem sie sich das Gute fremder Nationen aneignen, sich nach und nach gewöhnten, in Gesellschaft zu arbeiten. Wir leben zwar in einer diesem Wunsche gerade entgegengesetzten Epoche. Jeder will nicht nur original in seinen Ansichten, sondern auch im Gange seines Lebens und Tuns, von den Bemühungen anderer unabhängig, wo nicht sein, doch daß er es sei, sich überreden. Man bemerkt sehr oft, daß Männer, die freilich manches geleistet, nur sich selbst, ihre eigenen Schriften, Journale und Kompendien zitieren; anstatt daß es für den einzelnen und für die Welt viel vorteilhafter wäre, wenn mehrere zu gemeinsamer Arbeit gerufen würden. Das Betragen unserer Nachbarn, der Franzosen, ist hierin musterhaft ... *49*

›Vorgestern ward auf meinem Zimmer über die Begebenheiten der Zeit geschwätzt; gefragt, ob wohl Deutschland und deutsche Sprache ganz verschwinden würden? Nein, das glaube ich nicht, sagte jemand, die Deutschen würden *wie die Juden* sich überall unterdrücken lassen, aber *unvertilgbar* sein, wie *diese*, und wenn sie kein Vaterland mehr haben, erst recht zusammenhalten. – Dieser Jemand war Goethe.‹ *50*

Ein Deutscher war schon absurd, solang er hoffte; da er nun überwunden war, so war gar nicht mehr mit ihm zu leben. *51*

Übrigens lebe ich denn doch sehr einsam: denn in der Welt kommen einem nichts als Jeremiaden entgegen, die, ob sie gleich von großen Übeln veranlaßt werden, doch, wie man sie in der Gesellschaft hört, nur als hohle Phrasen erscheinen. Wenn jemand sich über das beklagt, was er und seine Umgebung gelitten, was er verloren hat und zu verlieren fürchtet, das hör ich mit Teilnahme und spreche gern darüber und tröste gern. Wenn aber die Menschen über ein Ganzes jammern, das verloren sein soll, das denn doch in Deutschland kein Mensch sein Lebtag gesehen, noch viel weniger sich darum bekümmert hat: so muß ich meine Ungeduld verbergen, um nicht unhöflich zu werden oder als Egoist zu erscheinen. 52

Die Deutschen lieben das moralisch-Lyrische, diese subjektiven reflektierten Gesänge, die einen andern Jemand wieder leicht ansprechen und an allgemeine Zustände des Gemüts, an Wünsche, Sehnsuchten und fehlgeschlagene Hoffnungen erinnern. 53

Kann man aber Ifflanden verdenken, daß er . . . nun auch endlich in Versuchung gerät, als protestantischer Heiliger . . . an deutsche Kraft zu appellieren, die den 14. Oktober zum Teufel ging, weil in den Deutschen kein Sinn vorhanden war. 54

Deutsche gehen nicht zu Grunde, wie die Juden, weil es lauter Individuen sind. 55

›Über die Gestalt, die Deutschland in der Folge haben könnte – *delecta cultura.*‹ 56

Geben Sie ja bald Ihre Bemerkungen über uns ehrliche Deutsche! Wir verdienen, durch den guten Willen einer freundlichen Nachbarin und Halb-Landsmännin aufgeregt, ermuntert zu werden und uns in einem so lieben Spiegel zu beschauen. 57

... die philosophischen und religiosen Fratzen ..., welche jetzt in Deutschland sogar manchen guten Kopf verwirren und doch zuletzt auf nichts als auf einen abstrusen Selbstdünkel hinausführen. *58*

... so müssen wir uns die Wissenschaft notwendig als Kunst denken, wenn wir von ihr irgend eine Art von Ganzheit erwarten...
... Die Abgründe der Ahndung, ein sicheres Anschauen der Gegenwart, mathematische Tiefe, physische Genauigkeit, Höhe der Vernunft, Schärfe des Verstandes, bewegliche sehnsuchtsvolle Phantasie, liebevolle Freude am Sinnlichen, nichts kann entbehrt werden zum lebhaften fruchtbaren Ergreifen des Augenblicks, wodurch ganz allein ein Kunstwerk ... entstehen kann ...
Vielleicht ist es kühn, aber wenigstens in dieser Zeit nötig zu sagen: daß die Gesamtheit jener Elemente vielleicht vor keiner Nation so bereit liegt als vor der deutschen. Denn ob wir gleich, was Wissenschaft und Kunst betrifft, in der seltsamsten Anarchie leben, die uns von jedem erwünschten Zweck immer mehr zu entfernen scheint: so ist es doch eben diese Anarchie, die uns nach und nach aus der Weite ins Enge, aus der Zerstreuung zur Vereinigung drängen muß.
Niemals haben sich die Individuen vielleicht mehr vereinzelt und von einander abgesondert als gegenwärtig. Jeder möchte das Universum vorstellen und aus sich darstellen; aber indem er mit Leidenschaft die Natur in sich aufnimmt, so ist er auch das Überlieferte, das, was andre geleistet, in sich aufzunehmen genötigt. Tut er es nicht mit Bewußtsein, so wird es ihm unbewußt begegnen; empfängt er es nicht offenbar und gewissenhaft, so mag er es heimlich und gewissenlos ergreifen; mag

er es nicht dankbar anerkennen, so werden ihm andere nachspüren: genug, wenn er nur Eigenes und Fremdes, unmittelbar und mittelbar aus den Händen der Natur oder von Vorgängern Empfangenes tüchtig zu bearbeiten und einer bedeutenden Individualität anzueignen weiß: so wird jederzeit für alle ein großer Vorteil daraus entstehen. Und wie dies nun gleichzeitig schnell und heftig geschieht, so muß eine Übereinstimmung daraus entspringen, das was man in der Kunst Stil zu nennen pflegt, wodurch die Individualitäten im Rechten und Guten immer näher an einander gerückt und eben dadurch mehr herausgehoben, mehr begünstigt werden, als wenn sie sich durch seltsame Eigentümlichkeiten karikaturmäßig von einander zu entfernen streben.

Wem die Bemühungen der Deutschen in diesem Sinne seit mehrern Jahren vor Augen sind, wird sich Beispiele genug zu dem, was wir im Allgemeinen aussprechen, vergegenwärtigen können, und wir sagen getrost in Gefolg unserer Überzeugung: an Tiefe so wie an Fleiß hat es dem Deutschen nie gefehlt. Nähert er sich andern Nationen an Bequemlichkeit der Behandlung und übertrifft sie an Aufrichtigkeit und Gerechtigkeit: so wird man ihm früher oder später die erste Stelle in Wissenschaft und Kunst nicht streitig machen. *59*

Keine Nation, weniger die neuern, am wenigsten vielleicht die deutsche, hat sich aus sich selbst gebildet. *60*

Der Deutsche weiß fremdes Verdienst anzuerkennen. *61*

Der Deutsche verliert, sobald die Welt ins Weitere sich auftut. *62*

›Jeder ... will für sich stehn, jeder drängt sich mit seinem Individuum hervor, keiner will sich an eine Form, eine Technik anschließen, alle verlieren sich im Vagen, und die das tun, sind wirklich große und entschiedene Talente, aus denen aber eben darum schlechterdings nichts werden kann ... der beste Rat, der zu geben sei, sei, die Deutschen wie die Juden in alle Welt zu zerstreuen, nur auswärts seien sie noch erträglich ...‹ *63*

›Ich studiere ... jetzt die ältere französische Literatur ganz gründlich wieder ... Welche unendliche Kultur ... ist schon an ihnen vorübergegangen zu einer Zeit, wo wir Deutsche noch ungeschlachte Bursche waren. Deutschland ist nichts, aber jeder einzelne Deutsche ist viel, und doch bilden sich letztere gerade das Umgekehrte ein. Verpflanzt und zerstreut wie die Juden in alle Welt müssen die Deutschen werden, um die Masse des Guten ganz und zum Heile aller Nationen zu entwickeln, die in ihnen liegt.‹ *64*

›Ein Volk, das ein Morgenblatt, eine Elegante Zeitung, einen Freimüthigen hat, und Leser dazu, ist schon rein verloren.‹ *65*

›Bei uns Deutschen geht alles fein langsam vonstatten.‹ *66*

... ich bin der augenblicklichen anmaßlichen Pfuscherei in jedem Fache so satt, daß ich nicht darnach mehr zum Fenster hinaussehen mag, ja daß sogar die Deutschen in ihrem Unglück mir lächerlich vorkommen, weil sie eigentlich nur darüber verzweifeln, daß sie nicht mehr salbadern sollen. *67*

... wer könnte es denn wohl den lieben Deutschen recht machen, die noch immer in ihren anarchischen Wust verliebt sind. *68*

Die Narren von Deutschen schreien noch immer gegen den Egoismus, und wollte Gott, man hätte seit langer Zeit für sich und die Seinigen redlich, und dann für die Nächsten und immer wieder Nächsten redlich gesorgt: so sähe vielleicht alles anders aus. *69*

Das Publikum, besonders das deutsche, ist eine närrische Karikatur des Demos; es bildet sich wirklich ein, eine Art von Instanz, von Senat auszumachen und im Leben und Lesen dieses oder jenes wegvotieren zu können, was ihm nicht gefällt. *70*

... was das Räsonnement betrifft, darin werden Deutsche und Franzosen wohl nie zusammentreffen. *71*

Doch habe ich für die Zukunft eine wunderbare Aussicht zu Vereinigung deutscher und französischer Vorstellungsarten dadurch gewonnen, daß mir ein Auszug von Degérandos Discours ... in die Hände fiel ... in diesen wenigen Blättern habe ich nichts gefunden, was meiner Art zu denken widerspräche. *72*

Ferner hat mich die Erfahrung gelehrt, daß man, besonders in Deutschland, vergebens mehrere zu Einer Absicht zusammenruft. So viel Köpfe so viel Sinne ist eigentlich die Devise unserer Nation. *73*

... weil in unserem Vaterlande keine allgemeine Bildung durchdringen kann, so beharrt jeder Ort auf seiner Art und Weise und treibt seine charakteristischen Eigenheiten bis aufs letzte ... *74*

Der deutschen Poesie fehlte es an einem öffentlichen und nationellen Gehalt, sie drehte sich in einem gemütlichen Privatkreise; diese Richtung hat sie nie verlassen, wenn gleich manche Versuche geschehen sind, sie davon zu entfernen. *75*

Die deutsche, die Poesie einer verzettelten Menge, oder, wenn man es glimpflicher ausdrücken will, Poesie von Individuen zu Individuen. Alle ihre Tugenden und ihre Mängel lassen sich hieraus ableiten. *76*

›Die Deutschen haben so eine Art von Sonntagspoesie, eine Poesie, die ganz alltägliche Gestalten mit etwas besseren Worten bekleidet, wo denn auch die Kleider die Leute machen sollen.‹ *77*

Wer das deutsche Publikum kennt, ... wer zunächst erfahren hat, daß sie vor allem Neuen, so sehr sie darnach gierig sind, wenn es einigermaßen problematisch ist, eine ängstliche Apprehension fühlen, und daher den Mißwollenden freies Spiel geben, um sich nur jener Furcht entledigt zu sehen ... *78*

... wie denn die Deutschen immer gegen frühabgeschiedene, Gutes versprechende Talente eine besondere Frömmigkeit bewiesen haben ... *79*

... zu beleben verstehn die Deutschen im einzelnen selten und im Ganzen niemals. *80*

[Über den Philologen Friedrich August Wolf] ... teilnehmend habe ich ihn nie gekannt, besonders am Gleichzeitigen, und hierin ist er ein wahrer Deutscher. *81*

Für die Stelle von Calderon danke ich. Sie ist zart und hübsch. Leider werden wir Deutsche eben seine zarte Seite mit unserer schwachen in Rapport setzen. Von seiner wahren Stärke ist noch wenig Begriff unter uns. *82*

[Mit Bezug auf ›romantische‹ Legenden- und Sagen-Almanache] Verargen darf ich es jedoch um so weniger, als das deutsche Publikum, ein ägyptischer Brut-Ofen, über solchen Windeiern am liebsten brütet. *83*

Unempfänglichkeit der Deutschen. Produktive Anmaßung eines jeden fast bis zum Wahnsinn gehend. *84*

... da die Deutschen von jeher die Art haben, daß sie es besser wissen wollen als der, dessen Handwerk es ist, daß sie es besser verstehn als der, der sein Leben damit zugebracht, so werden sie auch diesmal einige Gesichter schneiden, welches ihnen jedoch, in Betracht ihrer übrigen Untugenden, verziehen werden soll. *85*

... bei einer deutschen Natur- und Wahrheitsliebe... *86*

... was der Mensch täglich treibt, läßt er sich, wenn er Geschick dazu hat, gefallen, sollte er auch nicht gerade sehen, daß etwas dabei herauskomme. Der Deutsche besonders ist von einer solchen ausharrenden Sinnesart... *87*

... der ehrwürdige deutsche Fleiß, der mehr auf Sammlung und Entwickelung von Einzelnheiten als auf Resul-
tate losging... *88*

1813-1819

Es ist unglaublich, was die Deutschen sich durch das Journal- und Tageblattverzetteln für Schaden tun: denn das Gute, was dadurch gefördert wird, muß gleich vom Mittelmäßigen und Schlechten verschlungen werden. *89*

Die Deutschen haben die eigne Art, daß sie nichts annehmen können wie mans ihnen gibt; reicht man ihnen den Stiel des Messers zu, so finden sie ihn nicht scharf, bietet man ihnen die Spitze, so schreien sie über Verletzung. Sie haben so unendlich viel gelesen, und für neue Formen fehlt ihnen die Empfänglichkeit. Erst wenn sie sich mit einer Sache befreunden, dann sind sie einsichtig, gut und wahrhaft liebenswürdig. *90*

Der Deutsche, gut- und großmütig von Natur, will niemand gemißhandelt wissen. *91*

Die Deutschen sind gewöhnlich unter einander ungerecht genug... *92*

Bestimmungs-, Bestimmens- und Bedingenslust aller Menschen, besonders der deutschen. *93*

Wir Deutschen mißbrauchen das Wort eitel nur allzu oft: denn eigentlich führt es den Begriff von Leerheit mit sich, und man bezeichnet damit billigerweise nur einen, der die Freude an seinem Nichts, die Zufriedenheit mit einer hohlen Existenz nicht verbergen kann. *94*

Die Deutschen haben kein Ridicules. Lächerlich ist eine verfehlte Erscheinung, auch wenn sie ernste Zwecke hat, ridicule eine leere Erscheinung, und die Deutschen sind nie leer. *95*

Was die Franzosen *tournure* nennen, ist eine zur Anmut gemilderte Anmaßung. Man sieht daraus, daß die Deutschen keine *tournure* haben können; ihre Anmaßung ist hart und derb, ihre Anmut mild und demütig, das eine schließt das andere aus und sind nicht zu verbinden.
96

›Deutsche haben keinen Geschmack, weil sie keinen Euphemismus haben und zu derb sind.‹ *97*

... die Deutschen aber wollen gerührt und nicht verständiget nach Hause gehen... *98*

Ich glaube nicht, daß irgend eine Nation eine solche Lust am Krebsgang hat als die deutsche. Kaum schreiben unsere Mädchen und Jünglinge, unsere Hausfrauen und Geschäftsmänner einen natürlichen Stil und wissen sich allgemein verständlich und angenehm auszudrücken, so treten junge Männer auf, um etwas ganz Fremdes, Ungehöriges, Unverständliches und Abgeschmacktes geltend zu machen. Und hinter allem diesen steckt doch eigentlich nur die falsche Sucht, Original sein zu wollen. Wir können nur bedauern, was wir so deutlich einsehen. *99*

›Bei den Deutschen wird das Ideelle gleich sentimental, zumal bei dem Troß der ordinären Autoren und Autorinnen.‹ *100*

Sich von einander abzusondern ist die Eigenschaft der Deutschen; ich habe sie noch nie verbunden gesehen als im Haß gegen Napoleon. Ich will nur sehen, was sie anfangen werden, wenn dieser über den Rhein gebannt ist. *101*

... indes ... ein großer Teil unserer hoffnungsvollen deutschen Jugend aufgeopfert wird, so haben diejenigen, welchen Verhältnisse erlauben, in ihrer stillen Werkstatt zu verharren, eine doppelte Pflicht, das heilige Feuer der Wissenschaft und Kunst, und wäre es auch nur als Funken unter der Asche, sorgfältig zu bewahren, damit nach vorübergegangener Kriegesnacht bei einbrechenden Friedenstagen es an dem unentbehrlichen Prometheischen Feuer nicht fehle, dessen die nächste Generation umso mehr bedürfen wird, als sich schon jetzt im Praktischen der Mangel theoretischer Vorübungen so hart empfinden macht. *102*

Die Heilung so vieler dem Vaterland geschlagner Wunden kann nicht sicherer vonstatten gehen und aus so manchem Verderben ein frisches Leben nicht schneller hervordringen, als wenn die Deutschen sich nicht nur im Stillen und Einzelnen anerkennen und schätzen, sondern wenn sie es sich auch liebevoll und vertraulich bekennen und aussprechen; denn fürwahr der Unglaube und der Unwille der Volksglieder unter einander, die Mißhelligkeiten, welche aufzuregen und zu schärfen gar viele sich zum Geschäft machen, weil es ein leichtes ist, wogegen sich aber wenige fanden, welche Mäßigkeit und Billigkeit zu bewirken suchten, weil es schwer ist; der aus gleichgültigen Dingen hervortretende Konflikt zwischen Personen und Untersuchungen, welche gar wohl

unter einander bestehen können, und was sonst noch alles
die traurige Litanei unserer deutschen Literatur enthal-
ten mochte – dieses zusammen hat mehr geschadet als
der fremde Einfluß, denn es hat den wechselseitigen
Glauben zerstört und so viele vertrauliche Bande ge-
löst.

Kann die gegenwärtige große Epoche die deutschen Geister zu wechselseitiger Anerkennung stimmen, so bedarf
die Nation kaum etwas weiter, um sowohl sich aus der
Gegenwart herauszureißen als der Zukunft getrost entgegen zu gehen. *103*

›Ich habe oft einen bittern Schmerz empfunden bei dem
Gedanken an das deutsche Volk, das so achtbar im einzelnen und so miserabel im Ganzen ist. Eine Vergleichung
des deutschen Volkes mit andern Völkern erregt uns pein-
liche Gefühle ... in der Wissenschaft und in der Kunst
habe ich die Schwingen gefunden, durch welche man sich
darüber hinwegzuheben vermag ... aber der Trost, den
sie gewähren, ist doch nur ein leidiger Trost ... In der-
selben Weise tröstet auch nur der Gedanke an Deutschlands Zukunft. Ich halte ihn so fest als Sie, diesen Glauben.
Ja, das deutsche Volk verspricht eine Zukunft, hat eine
Zukunft. Das Schicksal der Deutschen ist, mit Napoleon
zu reden, noch nicht erfüllt. Hätten sie keine andere
Aufgabe zu erfüllen gehabt, als das Römische Reich
zu zerbrechen und eine neue Welt zu schaffen und zu
ordnen, sie würden längst zugrunde gegangen sein. Da
sie aber fortbestanden sind, und in solcher Kraft und
Tüchtigkeit, so müssen sie ... noch eine große Zukunft
haben ... Aber die Zeit, die Gelegenheit vermag ein
menschliches Auge nicht vorauszusehen und menschliche Kraft nicht zu beschleunigen oder herbeizuführen.

Uns einzelnen bleibt inzwischen nur übrig, einem jeden nach seinen Talenten, seiner Neigung und seiner Stellung, die Bildung des Volkes zu mehren, zu stärken und durch dasselbe zu verbreiten nach allen Seiten und wie nach unten, so auch, und vorzugsweise, nach oben, damit es nicht zurückbleibe hinter den andern Völkern, sondern wenigstens hierin voraufstehe, damit der Geist nicht verkümmere, sondern frisch und heiter bleibe, damit es nicht verzage, nicht kleinmütig werde, sondern fähig bleibe zu jeglicher großen Tat, wenn der Tag des Ruhmes anbricht...

Sie sprechen von dem Erwachen, von der Erhebung des deutschen Volks und meinen, dieses Volk werde sich nicht wieder entreißen lassen, was es errungen und mit Gut und Blut teuer erkauft hat, nämlich die Freiheit. Ist denn wirklich das Volk erwacht? Weiß es was es will? Haben Sie das prächtige Wort vergessen, was der ehrliche Philister in Jena seinem Nachbar in seiner Freude zurief, als er seine Stuben gescheuert sah und nun nach dem Abzuge der Franzosen die Russen bequemlich empfangen konnte? Der Schlaf ist zu tief gewesen, als daß auch die stärkste Rüttelung so schnell zur Besinnung zurückzuführen vermöchte. Und ist denn jede Bewegung eine Erhebung? Erhebt sich, wer gewaltsam aufgestöbert wird? Wir sprechen nicht von den Tausenden gebildeter Jünglinge und Männer, wir sprechen von der Menge, den Millionen. Und was ist denn errungen oder gewonnen worden? Sie sagen: die Freiheit; vielleicht würden wir es aber Befreiung nennen; nämlich Befreiung nicht vom Joche der Fremden, sondern von einem fremden Joche. Es ist wahr: Franzosen sehe ich nicht mehr und nicht mehr Italiener, dafür aber sehe ich Kosaken, Baschkiren, Kroaten, Magyaren, Kassuben, Samländer, braune und andere

Husaren. Wir haben uns seit einer langen Zeit gewöhnt, unsern Blick nur nach Westen zu richten und alle Gefahr nur von dorther zu erwarten, aber die Erde dehnt sich auch noch weithin nach Morgen aus ... Lassen Sie mich nicht mehr sagen.‹ *104*

›Die Deutschen sind wiederkäuende Tiere.‹ *105*

An die T ... und D ...
Verfluchtes Volk! kaum bist du frei,
So brichst du dich in dir selbst entzwei.
War nicht der Not, des Glücks genug?
Deutsch oder Teutsch – du wirst nicht klug. *106*

Der Deutsche hat Freiheit der Gesinnung, und daher merkt er nicht, wenn es ihm an Geschmacks- und Geistesfreiheit fehlt. *107*

Ist indes dem Beobachter nicht ganz erfreulich, wie sich die befreiten Deutschen schon wieder literarisch gegen einander benehmen, so muß man denken, daß dies nun einmal die Art der Nation ist: sobald sie von fremdem Drucke sich befreit fühlt, unter sich zu zerfallen. *108*

Die Vereinigung und Beruhigung des deutschen Reiches im politischen Sinne überlassen wir Privatleute, wie billig, den Großen, Mächtigen und Staatsweisen. Über einen moralischen und literarischen Verein aber, welche bei uns wo nicht für gleichgeltend, doch wenigstens für gleichschreitend geachtet werden können, sei es uns dagegen erlaubt zu denken, zu reden. Eine solche Vereinigung nun, die religiöse sogar mit eingeschlossen, wäre sehr leicht, aber doch nur durch ein Wunder zu bewirken, wenn es nämlich Gott gefiele, in Einer Nacht den sämtlichen Gliedern deutscher Nation die Gabe zu verleihen, daß sie sich am andern Morgen einander nach Verdienst schätzen könnten. Da nun aber dieses nicht zu erwarten steht, so habe ich alle Hoffnung aufgegeben, und fürchte, daß sie nach wie vor sich verkennen, miß-achten, hindern, verspäten, verfolgen und beschädigen werden.

Dieser Fehler der Deutschen, sich einander im Wege zu stehen, darf man es anders einen Fehler nennen, diese Eigenheit ist umso weniger abzulegen, als sie auf einem Vorzug beruht, den die Nation besitzt und dessen sie sich wohl ohne Übermut rühmen darf, daß nämlich vielleicht in keiner andern so viel vorzügliche Individuen geboren werden und nebeneinander existieren. Weil nun aber je-der bedeutende Einzelne Not genug hat, bis er sich selbst ausbildet, und jeder Jüngere die Bildungsart von seiner Zeit nimmt, welche den Mittleren und Älteren mehr oder weniger fremd bleibt: so entspringen, da der Deutsche nichts Positives anerkennt und in steter Verwandlung be-griffen ist, ohne jedoch zum Schmetterling zu werden, eine solche Reihe von Bildungs-Verschiedenheiten, um nicht -Stufen zu sagen, daß der gründlichste Etymolog nicht dem Ursprung unsers babylonischen Idioms, und der treueste Geschichtschreiber nicht dem Gange einer sich ewig widersprechenden Bildung nachkommen könn-te. Ein Deutscher braucht nicht alt zu werden, und er fin-det sich von Schülern verlassen, es wachsen ihm keine Geistesgenossen nach; jeder, der sich fühlt, fängt von vorn an, und wer hat nicht das Recht, sich zu fühlen? So durch Alter, Fakultäts- und Provinzial-Sinn, durch ein auf so manche Weise hin und wider schwankendes Interesse, wird jeder in jedem Augenblicke verhindert, seine Vorgänger, seine Nachkommen, ja seinen Nachbar kennen zu lernen.

Da nun dieses Mißverhältnis in der nächsten Zeit immer zunehmen muß, indem, außer den vom Druck Befreiten und wieder neu Auflebenden, nun auch noch die große Masse derer, welche durch kriegerische Tatkraft die heilsame Veränderung bewirkten, ein entschiedenes Recht haben, zu meinen, weil sie geleistet haben: so muß der Konflikt immer wilder, und die Deutschen mehr als jemals, wo nicht in Anarchie, doch in sehr kleine Parteien zersplittert werden. Verzeihen Sie mir, daß ich so grau sehe; ich tue es, um nicht schwarz zu sehen: ja manchmal erscheint mir dieses Gemisch farbig und bunt. *109*

Der Fall tritt in der Kunstgeschichte zum ersten Mal ein, daß bedeutende Talente Lust haben, sich rückwärts zu bilden, in den Schoß der Mutter zurückzukehren und so eine neue Kunstepoche zu begründen. Dies war den ehrlichen Deutschen vorbehalten ... *110*

[›De l'Allemagne‹ von Madame de Staël] ... Die Deutschen werden sich darin kaum wiedererkennen, aber sie finden daran den sichersten Maßstab des ungeheuern Schrittes, den sie getan haben.

Möchten sie, bei diesem Anlaß, ihre Selbstkenntnis erweitern, und den zweiten großen Schritt tun, ihre Verdienste wechselseitig anzuerkennen, in Wissenschaft und Kunst – nicht, wie bisher, einander ewig widerstrebend – endlich auch gemeinsam wirken und ... den inneren Parteisinn ihrer neidischen Apprehensionen unter einander besiegen, dann würde kein mitlebendes Volk ihnen gleich genannt werden können. Um zu erfahren, inwiefern dieses möglich sei, wollen wir die ersten Zeiten des bald zu hoffenden Friedens abwarten. *111*

... das neue Bestreben..., durch welches die aus einer Knechtschaft kaum entronnenen Deutschen sich schnell wieder in die Fesseln ihrer eigenen Sprache zu schmieden gedenken. *112*

Begrenzung... das ists was unsere werten deutschen Männer sich am wenigsten selbst geben können. *113*

... Ich kann mir keine angenehmere Empfindung wünschen, als die Nation genießen müßte, wenn sie zu dem Glück gelangte, sich ihrer innern Verdienste selbst zu erfreuen, und durch Liebe und Gerechtigkeit einen friedlichen Kreis belebte; wir brauchten alsdann den Verkehr mit dem Ausland nicht mehr zu fürchten, da wir gewiß wären, daß das Handelsgewicht auf unserer Seite sei. Ich wenigstens habe mir zur Zeit des Drucks und der Bedrängnis in einem kleinen Kreise diese Empfindung erhalten, und dies ist das Land Gosen, in welchem ich mich rühmen darf zu leben. Das gegenwärtige Erwachen aller Kräfte läßt mich ein schönes gesundes Gleichgewicht für das Ganze hoffen, welches bisher nur der einzelne und gleichsam in gedruckter Kirche genießen konnte. *114*

Sehr verdienstlich ist es, solche Stellen beizubringen, woraus erhellt, wie der Deutsche, der seiner Natur nach das Ausland nicht entbehren kann, sich dem Charakter nach immer dagegen gewehrt hat. *115*

›Jetzt, nach 21 Jahren, verstehe ich, was Goethe mir 1814 sagte, in Berka, wo ich ihn beim Buch der Staël, de l'Allemagne, gefunden hatte und nun im Gespräch darüber äußerte, sie mache eine übertriebene Schilderung von der Ehrlichkeit der Deutschen, wodurch Ausländer irre geleitet werden könnten. Er lachte und sagte: Ja freilich, die werden den Koffer nicht anketten, und da wird er abgeschnitten werden. Dann aber setzte er ernst hinzu: Aber wenn man die Unredlichkeit der Deutschen in ihrer ganzen Größe kennen lernen will, muß man sich mit der deutschen Literatur bekannt machen.‹ *116*

Wohl! Herr Knitterer er kann sich
Mit Zersplitterer vereinen,
Und Verwitterer alsdann sich
Allenfalls der beste scheinen.

Daß nur immer in Erneuung
Jeder täglich Neues höre,
Und zugleich auch die Zerstreuung
Jeden in sich selbst zerstöre.

Dies der Landsmann wünscht und liebet,
Mag er deutsch, mag teutsch sich schreiben;
Liedchen aber heimlich piepet:
Also war es und wird bleiben. *117*

Wolltet ihr in Leipzigs Gauen
Denkmal in die Wolken richten,
Wandert, Männer all und Frauen,
Frommen Umgang zu verrichten!

Jeder werfe dann die Narrheit,
Die ihn selbst und andre quälet,

Zu des runden Haufens Starrheit,
Nicht ist unser Zweck verfehlet.

Ziehen Junker auch und Fräulen
Zu der Wallfahrt stillem Frieden,
Wie erhabne Riesensäulen
Wachsen unsre Pyramiden. *118*

›So rissen wir uns rings herum
Von fremden Banden los.
Nun sind wir Deutsche wiederum,
Nun sind wir wieder groß.
So waren wir und sind es auch
Das edelste Geschlecht,
Von biederm Sinn und reinem Hauch
Und in der Taten Recht.

Und Fürst und Volk und Volk und Fürst
Sind alle frisch und neu!
Wie du dich nun empfinden wirst
Nach eignem Sinne frei.
Wer dann das Innere begehrt
Der ist schon groß und reich;
Zusammen haltet euren Wert
Und euch ist niemand gleich.

Gedenkt unendlicher Gefahr,
Des wohlvergoss'nen Bluts,
Und freuet euch von Jahr zu Jahr
Des unschätzbaren Guts...‹ *119*

... einen Wunsch, den ich fürs Allgemeine täglich hege:
daß die Beschäftigung, ein anerkanntes Wahre zu bestär-

ken, uns Deutschen, nach glücklicher Wiederherstellung, angenehmer sein möge, als das Behagen an eignen Entdeckungen, denn wieviel Treffliches ist nicht gefunden, was immer nur Widerspruch erleidet oder mißstellt, verschleift und zersplittert wird. *120*

Zu berichtigen verstehen die Deutschen, nicht nachzuhelfen. *121*

> Mich freuen die vielen Guten und Tüchtgen,
> Obgleich so viele dazwischen belfen.
> Die Deutschen wissen zu berichtgen,
> Aber sie verstehen nicht nachzuhelfen. *121 a*

Ich pflege öfters zu wiederholen, daß der Deutsche wohl zu berichtigen wisse, nicht zu supplieren, zu ergänzen.
122

... die italienischen Schriftsteller sind schwerer zu beurteilen als die anderer Nationen. Ihre Prosaisten werden Poeten ehe man sichs versieht, weil sie dasjenige, was mit dem Dichter geboren wird, in ihren Kinderjahren gleich aus der zweiten Hand empfangen und mit einem bequemen Reichtum nach ihren Fähigkeiten gar leicht gebaren können.
Hieraus läßt sich einsehen, warum es bei dem Deutschen gerade das Umgekehrte ist, und warum wahrhaft poetische Naturen unserer Nation zuletzt gewöhnlich ein trauriges prosaisches Ende nehmen. *123*

Nach unserer Überzeugung gibt es kein größeres und wirksameres Mittel zu wechselseitiger Bildung als das Zusammenarbeiten ... In Deutschland wird auf alle Fälle der Vorschlag weniger Ausübung finden, weil der Deutsche isoliert lebt und eine Ehre darin sucht, seine Individualität originell auszubilden. Ein merkwürdiges Beispiel, wie einzeln der Deutsche in ästhetischen Arbeiten dasteht, zeigt sich daran, daß bei der größten, ja ungeheuersten Gelegenheit, wo die ganze Nation mit Einem Sinn und Mut wirkte und mit verschlungenem Bestreben, ohne irgend eine Rücksicht, das höchste Ziel erreichte, daß in diesem Augenblick die Mehrzahl der deutschen Dichtenden nur immer einzeln, mit persönlichem Bezug, ja egoistisch auftrat ... Wäre in Deutschland ein wahrhaftes freies Zusammenarbeiten von verschiedenen Talenten im Gange gewesen, so hätte es auch hier sich gewiß und auf das glänzendste gezeigt. *124*

›G. äußert, er hoffe, Gentz habe, als ein schlauer Fuchs, das Volk nur dadurch elektrisieren wollen und den kekken Aufruf zum Reizmittel gebraucht, wohl wissend übrigens, daß es mit diesem Bann wie dem vom Vatikan herabgeschleuderten sei. Die deutsche Hypochondrie müsse von Zeit zu Zeit durch solche Theater-Coups aufgeregt werden und selbst falsche Sieges-Nachrichten seien oft dazu sehr dienlich, indem sie über die momentane Gefahr den Schleier der Hoffnung würfen.‹ *125*

Die Deutschen sind recht gute Leut,
Sind sie einzeln, sie bringens weit;
Nun sind ihnen auch die größten Taten
Zum ersten Mal im Ganzen geraten.
Ein jeder spreche Amen darein,
Daß es nicht möge das letzte Mal sein. *126*

Ist ihnen was im Ganzen gelungen,
Da haben s' auch eben wenig errungen.
Denn das Viele, sie werdens sagen,
Sie mußtens tun, und müssens ertragen. *126 a*

Die Lust der Deutschen am Unsichern in den Künsten
kommt aus der Pfuscherei her; denn wer pfuscht, darf das
Rechte nicht gelten lassen, sonst wäre er gar nichts. *127*

›Ich habe gleich als der Enthusiasmus losging, den Fluch
des Bischofs Arnulphus über alles deutsche politische Ge-
rede ausgesprochen und mir dadurch die Qual vom Halse
gehalten. Wie sie mir nur davon anfingen, hub ich gleich
an: ich verfluche euch usw. Da waren sie bald still und
ließen mich ungeschoren.‹ *128*

So ernst ich auch das behandle, so wird das sehr bald von
der deutschen Vielmeinerei mit Schutt überdeckt werden, wie es mir mit allem ergangen ist, wo ich zu gründen
suchte. *129*

›Sagt! wie könnten wir das Wahre,
Denn es ist uns ungelegen,
Niederlegen auf die Bahre,
Daß es nie sich möchte regen?‹

Diese Mühe wird nicht groß sein
Kultivierten deutschen Orten;
Wollt ihr es auf ewig los sein,
So erstickt es nur mit Worten. *130*

Epimenides Erwachen
letzte Strophe
Verflucht sei, wer nach falschem Rat,
Mit überfrechem Mut,
Das was der Korse-Franke tat
Nun als ein Deutscher tut!
Er fühle spät, er fühle früh:
Es sei ein dauernd Recht;
Ihm geh es, trotz Gewalt und Müh,
Ihm und den Seinen schlecht! *131*

›... Ja, wenn ich es nur je dahin noch bringen könnte, daß ich ein Werk verfaßte – aber ich bin zu alt dazu –, daß die Deutschen mich so ein fünfzig oder hundert Jahre hintereinander recht gründlich verwünschten und aller Orten und Enden mir nichts als Übels nachsagten: das sollte mich außermaßen ergötzen. Es müßte ein prächtiges Produkt sein, was solche Effekte bei einem von Natur völlig gleichgültigen Publikum, wie das unsere, hervorbrächte. Es ist doch wenigstens Charakter im Haß, und wenn wir nur erst wieder anfingen und in irgend etwas, sei es, was es wolle, einen gründlichen Charakter bezeigten, so wären wir auch wieder halb auf dem Wege, ein Volk zu werden. Im Grunde verstehen die meisten unter uns weder zu hassen noch zu lieben. Sie mögen mich nicht! Das matte Wort! Ich mag sie auch nicht! Ich habe es ihnen nie recht zu Danke gemacht!...‹ *132*

Daß doch die lieben, kostbaren Deutschen nicht lernen, etwas mit Manier zu sagen! *133*

Nur werden leider die schreibseligen Legionen Deutschlands meine Ernte, wie sie auch sein mag, sehr geschwinde

47

ausdreschen, und mit den Strohbündeln als reichen Garben am patriotischen Erntefest einherstolzieren. *134*

Ferner ist es eine rechte deutsche Art, zu einem Gedicht oder sonstigen Werke den Eingang überall, nur nicht durch die Türe zu suchen. *135*

Wenn die Deutschen sich einer allgemeinern Unteilnahme befleißigen und auf eine häßliche Art dasjenige ablehnen, was sie mit beiden Händen ergreifen sollten, so ist der Einzelne wirklich himmlisch, wenn er treu und redlich teilnimmt und freudig mitwirkt. *136*

... daß es mich höchlich freut, daß ein alter und so treuer Mitarbeiter in Paris den Preis gewinne, indessen die Deutschen sich wie starre Gespenster gegen uns betragen; es ist ihnen aber nicht geschenkt, ich warte nur auf schickliche Gelegenheit, sie recht übel zu behandeln. *137*

Die Sprachreiniger
Gott Dank! daß uns so wohl geschah,
Der Tyrann sitzt auf Helena!
Doch ließ sich nur der eine bannen:
Wir haben jetzo hundert Tyrannen.
Die schmieden, uns gar unbequem,
Ein neues Kontinental-System.
Teutschland soll rein sich isolieren,
Einen Pest-Kordon um die Grenze führen,
Daß nicht einschleiche fort und fort
Kopf, Körper und Schwanz von fremdem Wort.
138

› Er rühmte so das Herrliche in dem deutschen Volk, wie sie gern Eins wären und doch auch ihre Eigentümlichkeit nicht im geringsten darum wollten fahren lassen; dann, wie so viel guter Wille gehemmt würde. Wunderbar, sagte er, daß dabei doch alles so eben steht, es ist wie bei den Korkmännchen, die unten Blei haben.‹ *139*

... die lieben Deutschen kenn ich schon: erst schweigen sie, dann mäkeln sie, dann beseitigen, dann bestehlen und verschweigen sie. *140*

... nur ist mir das Betrübtste, daß die Deutschen nicht immer deutlich wissen, ob sie volle Weizengarben oder Strohbündel einfahren. *141*

... daß die deutsche Welt, mit vielen guten, trefflichen Geistern geschmückt, immer uneiniger, unzusammenhängender in Kunst und Wissenschaft, sich auf historischem, theoretischem und praktischem Wege immer mehr verirrt und verwirrt. *142*

... nicht allein durch leidenschaftliches Widerstreben, sondern auch durch unzulässiges Vereinen wird gefehlt, und bei dem wunderlichsten Schwanken tritt in Deutschland ein sehr trauriges Phänomen hervor: daß nämlich jeder sich berechtigt glaubt, ohne irgend ein Fundament bejahen und verneinen zu können, wodurch denn ein Geist des Widerspruchs und ein Krieg aller gegen alle erregt wird. *143*

Ich leugne nicht, daß ich von meiner Seite *die absolute Aufhebung aller Anonymität in Druckschriften* für die größte Wohltat halte, die man einer Nation, besonders der deutschen in ihrer jetzigen Lage, erweisen könnte. *144*

Es wird überhaupt in gar manchem Gutes und Vortrefflliches geschehen können, wenn sich ausgebildete Männer vereinigen, konstitutiv zu verfahren. Wir Deutsche stehen sehr hoch und haben gar nicht Ursache, uns vom Wind hin- und hertreiben zu lassen. *145*

Die echte, wahre [Religiosität], die dem Deutschen so wohl ziemt, hat ihn zur schlimmsten Zeit aufrecht erhalten und mitten unter dem Druck nicht allein seine Hoffnungen, sondern auch seine Tatkräfte genährt. Möge ein so würdiger Einfluß, bei fortwährendem großen Drange der Begebenheiten, der Nation niemals ermangeln; dagegen aber alle falsche Frömmelei aus Poesie, Prosa und Leben bald möglichst verschwinden und kräftigen heitern Aussichten Raum geben. *146*

Der echte Deutsche bezeichnet sich durch mannigfaltige Bildung und Einheit des Charakters. *147*

Wenn die Deutschen anfangen, einen Gedanken oder ein Wollen, oder wie mans nennen mag, zu wiederholen, so können sie nicht fertig werden, sie singen immer unisono wie die protestantische Kirche ihre Choräle. *148*

Man kann die deutsche Nation recht lieb haben, denn wenn man ihr Zeit läßt, so kommt sie immer aufs Rechte. *149*

Niemand muß herein rennen,
Auch mit den besten Gaben;
Sollens die Deutschen mit Dank erkennen,
So wollen sie Zeit haben. *150*

Es ist nun schon bald zwanzig Jahre, daß die Deutschen sämtlich transzendieren. Wenn sie es einmal gewahr werden, müssen sie sich wunderlich vorkommen. *151*

... gerade zu der jetzigen Zeit kommen diese Worte als erwünschtes Evangelium, dem Deutschen zu sagen: daß er, anstatt sich in sich selbst zu beschränken, die Welt in sich aufnehmen muß, um auf die Welt zu wirken. *152*

Wir behandeln die Niederländer auch als Landsleute, denn so närrisch ist der patriotische Deutsche, daß er versichert, er könne ganz für sich bestehn, indem er sich sogleich die Verdienste aller Völker anmaßt und versichert, alle Nationen stammen von ihm ab, oder sei'n wenigstens ihm von der Seite verwandt. *153*

Man ist in Deutschland niemals von dem Eindruck sicher, den eine Druckschrift in dem Augenblick ihrer Erscheinung machen kann. *154*

Deutsche, im Ausland sich ein Vaterland begründend, an fremden Vortrefflichkeiten der Zustände, Gegenstände und Sitten sich auferbauend, müssen vielleicht jetzt mehr als jemals der Grille entgegengestellt werden, die den Deutschen vernichten will, indem sie ihn auf sich selbst zurückweist. *155*

... daß der Deutsche nichts Wunderlicheres tun könnte, als sich in seinen mittelländischen Kreis zu beschränken, eingebildet, daß er von eignem Vermögen zehre, uneingedenk alles dessen, was er seit einem halben Jahrhundert fremden Völkern schuldig geworden und ihnen noch täglich verdankt.

Doch hiervon ist gegenwärtig zu schweigen besser, die Zeit
wird kommen, wo der Deutsche wieder fragt: auf welchen
Wegen es seinen Vorfahren wohl gelungen, die Sprache
auf den hohen Grad von Selbständigkeit zu bringen, dessen sie sich jetzt erfreut. *156*

Der Deutsche soll alle Sprachen lernen, damit ihm zu Hause kein Fremder unbequem, er aber in der Fremde überall
zu Hause sei. *157*

Vergleichen wir die Rezensionen des Tags im ästhetischen
Fache mit denen vor dreißig Jahren, so wird man, wenn
auch nicht immer einstimmen, doch erstaunen, wie hoch
das Urteil der Deutschen gestiegen ist, seitdem sie es so
lange Zeit an den Produktionen einheimischer Schriftsteller üben konnten. Denn Fremdes beurteilt niemand
ehe er zu Hause einsichtig ist. *158*

> Mit der Teutschen Freundschaft
> Hats keine Not,
> Ärgerlichster Feindschaft
> Steht Höflichkeit zu Gebot;
> Je sanfter sie sich erwiesen,
> Hab' ich immer frisch gedroht,
> Ließ mich nicht verdrießen
> Trübes Morgen- und Abendrot;
> Ließ die Wasser fließen,
> Fließen zu Freud' und Not.
> Aber mit allem diesen
> Blieb ich mir selbst zu Gebot;
> Sie alle wollten genießen
> Was ihnen die Stunde bot;
> Ihnen hab' ichs nicht verwiesen,

Jeder hat seine Not.
Sie lassen mich alle grüßen
Und hassen mich bis in Tod. *159*

Nativität
Der Deutsche ist gelehrt
Wenn er sein Deutsch versteht;
Doch bleib' ihm unverwehrt
Wenn er nach außen geht.
Er komme dann zurück,
Gewiß um viel gelehrter;
Doch ists ein großes Glück,
Wenn nicht um viel verkehrter. *160*

Die hohe Freiheit eines angebornen und durchgeübten
Talents wird wohl billig den guten Deutschen vorgeführt,
welche wähnen, in der Beschränkung liege die Kraft. Welches im strengsten Sinne wohl wahr sein mag, aber die
rollende Zeit will andere Umsichten. *161*

Die Deutschen sind ein gut Geschlecht,
Ein jeder sagt: will nur was recht;
Recht aber soll vorzüglich heißen
Was ich und meine Gevattern preisen:
Das übrige ist ein weitläufig Ding,
Das schätz ich lieber gleich gering. *162*

O Freiheit süß der Presse!
Nun sind wir endlich froh;
Sie pocht von Messe zu Messe
In dulci jubilo.
Kommt, laßt uns alles drucken,
Und walten für und für;

Nur sollte keiner mucken
Der nicht so denkt wie wir. *163*

Die Deutschen der alten Zeit freute nichts, als daß keiner
dem andern gehorchen durfte. *164*

Die Deutschen der neueren Zeit haben nichts anders für
Denk- und Preßfreiheit gehalten, als daß sie sich einander
öffentlich mißachten dürfen. *164 a*

> Was euch die heilige Preßfreiheit
> Für Frommen, Vorteil und Früchte beut?
> Davon habt ihr gewisse Erscheinung:
> Tiefe Verachtung öffentlicher Meinung. *165*

Diese äußere Form führt Sie zu nichts, sie schmeckt ein
wenig nach Autorität, die dem Deutschen immer verhaßt
war und immer verhaßter wird. Vertrauen aber schenken
die lieben guten Landsleute gern, und nur dadurch kann
man werden, bleiben und wirken. *166*

... das liebe deutsche Publikum ist von der Art, daß es
dasjenige für gar nichts hält, was es schon kennt. *167*

... daß der Deutsche auch in fremden Formen und Sprachen sich selbst gleich bleibt, seinem Charakter und Talent überall Ehre macht. *168*

Nun noch ein Wort von der neuern Teutschtümlichkeit.
Die Menschen in Masse werden von jeher nur verbunden
durch Vorurteile, und aufgeregt durch Leidenschaften;
selbst der beste Zweck wird somit immer getrübt und oft
verschoben; aber demohngeachtet wird das Trefflichste

gewirkt, wenn auch nicht im Augenblick, doch in der Folge, wenn nicht unmittelbar, doch veranlaßt. Und so werden Sie erleben, daß Wert und Würde unserer Ahnherrn rein und schön aus der eigenen Sprache hervortreten... *169*

Der Deutsche ist eigentlich nicht gewohnt, bei Lebzeiten Ehre zu geben und zu empfangen; es ist eine gewisse löbliche Scheu in ihm, die er nicht leicht überwindet... *170*

[Mit Bezug auf die Feier seines siebzigsten Geburtstages] Man erfreute sich des Zeugnisses einer im Stillen bestehenden Einheit deutschen Denkens und Empfindens.
171

... dem wackern Deutschen, der sich gern am Entschiedenen hält... *172*

Professor Pfaff sandte mir sein Werk gegen die Farbenlehre, nach einer den Deutschen angebornen unartigen Zudringlichkeit. *173*

1820-1826

Hörten wir doch ... vor einigen Jahren, wo man zu so viel Wunderlichem schweigen mußte, gar unbedachte Reden; es hieß: die Deutschen sollten ihre verschiedenen Zungen durcheinandermischen, um zu einer wahren Volkseinheit zu gelangen. Wahrlich die seltsamste Sprachmengerei! zu Verderbnis des guten sondernden Geschmackes nicht allein, sondern auch zum innerlichsten Zerstören des eigentlichen Charakters der Nation; denn was soll aus ihr werden, wenn man das Bedeutende der einzelnen Stämme ausgleichen und neutralisieren will? ... Lassen wir also gesondert, was die Natur gesondert hat, verknüpfen aber dasjenige, was in großen Fernen auf dem Erdboden auseinandersteht, ohne den Charakter des Einzelnen zu schwächen, in Geist und Liebe! *174*

Ich finde mich glücklich, daß, nach einer so langen und mannigfaltigen Laufbahn, meine guten Landsleute mich durchaus noch als den ihrigen betrachten mögen. Diesen Vorzug einigermaßen verdient zu haben, darf ich mir wohl schmeicheln, da ich weder Blick noch Schritt in fremde Lande getan, als in der Absicht, das allgemein Menschliche, was über den ganzen Erdboden verbreitet und verteilt ist, unter den verschiedensten Formen kennen zu lernen und solches in meinem Vaterlande wiederzufinden, anzuerkennen, zu fördern. Denn es ist einmal die Bestimmung des Deutschen, sich zum Repräsentanten der sämtlichen Weltbürger zu erheben. *175*

Das Deutschkomische liegt vorzüglich im Sinn, weniger

in der Behandlung. .... Sehen wir weiter umher, so finden wir, daß der Deutsche, um drollig zu sein, einige Jahrhunderte zurückschreitet und nur in Knittelreimen eigentlich naiv und anmutig zu werden das Glück hat. *176*

Deutsche Männer und Frauen mögen auf Einer Stufe der Kultur stehen, einer sehr hohen. Die Frauen jedoch haben den Vorteil, daß sie nicht nach außen getrieben und von außen nicht gezwängt sind. Es hängt von ihnen ab, wenn sie sich mit ihrem häuslichen Kreise abgefunden haben, ganz durchaus ein eignes Selbst zu sein. Wenn nun verstehen heißt, dasjenige, was ein anderer ausgesprochen hat, aus sich selbst entwickeln: so sind die Frauen, sobald es Innerlichkeiten gilt, immer in Vorteil. *177*

Ist dem Gezücht Verdienst ein Titel?
Ein Falsum wird ein heilig Mittel.
Das schmeichelt ja, sie wissens schon,
Der frommen deutschen Nation,
Die sich erst recht erhaben fühlt,
Wenn all ihr Würdiges ist verspielt... *178*

Den Deutschen ist nichts daran gelegen, zusammen zu bleiben, aber doch, für sich zu bleiben. Jeder, sei er auch welcher er wolle, hat so ein eignes *Fürsich*, das er sich nicht gern möchte nehmen lassen. *179*

... schon gewohnt, das deutsche Publikum erst stutzen zu sehen, eh es empfing und genoß. *180*

[Über ›Spanien und die Revolution‹ von C. W. v. Hügel] Seine Art zu schauen und zu denken sagt dem Zeitgeist

nicht zu; daher sekretiert dieser das Buch durch ein un-
verbrüchliches Schweigen, in welcher Art von Inquisi-
tions-Zensur es die Deutschen weit gebracht haben. *181*

[›Lichtenbergs Hogarth‹] ... wie hätte der Deutsche, in
dessen einfachem reinen Zustande sehr selten solche
exzentrische Fratzen vorkommen, hieran sich wahrhaft
vergnügen können? *182*

Sodann hat der freche Betrug, wodurch ein geiziger Pe-
dant mystifiziert wird, für einen rechtlichen Deutschen
keinen Reiz, wenn Italiener und Franzosen sich daran
wohl ergötzen möchten; bei uns aber kann die Kunst
den Mangel des Gemüts nicht leicht entschuldigen. *183*

›Der Deutsche verlangt einen gewissen Ernst, eine gewisse
Größe der Gesinnung, eine gewisse Fülle des Innern, wes-
halb denn auch Schiller von allen so hoch gehalten
wird ... [Platen] entwickelt eine reiche Bildung, Geist,
treffenden Witz und sehr viele künstlerische Vollendung,
allein damit ist es, besonders bei uns Deutschen, nicht
getan.‹ *184*

Wenn ich aber aussprechen soll, was ich den Deutschen
überhaupt, besonders den jungen Dichtern, geworden
bin, so darf ich mich wohl ihren *Befreier* nennen, denn
sie sind an mir gewahr geworden, daß, wie der Mensch
von innen heraus leben, der Künstler von innen heraus
wirken müsse, indem er, gebärde er sich wie er will,
immer nur sein Individuum zu Tage fördern wird. *185*

›Den Deutschen ist im Ganzen die philosophische Spekulation hinderlich, die in ihren Stil oft ein unsinnliches,

unfaßliches, breites und aufdröselndes Wesen hineinbringt. Je näher sie sich gewissen philosophischen Schulen hingegeben, desto schlechter schreiben sie. Diejenigen Deutschen aber, die als Geschäfts- und Lebemenschen bloß aufs Praktische gehen, schreiben am besten... *186*

Wie haben sich die Deutschen nicht gebärdet, um dasjenige abzuwehren, was ich allenfalls getan und geleistet habe, und tun sie's nicht noch? Hätten sie alles gelten lassen und wären weiter gegangen, hätten sie mit meinem Erwerb gewuchert, so wären sie weiter wie sie sind. *187*

Es tat mir freilich leid ... daß die Niederträchtigkeiten bis zu Ihnen durchgedrungen sind, die, obschon in Deutschland an der Tagesordnung, den Bessern kaum berühren. Es ist noch ein so guter Kern und Stamm in der Nation, daß von den eigentlich Grundschlechten nichts zu befürchten ist. *188*

›Die Franzosen ... tun sehr wohl, daß sie anfangen, unsere Schriftsteller zu studieren und zu übersetzen; denn beschränkt in der Form und beschränkt in den Motiven, wie sie sind, bleibt ihnen kein anderes Mittel, als sich nach außen zu wenden. Mag man uns Deutschen eine gewisse Formlosigkeit vorwerfen, allein wir sind ihnen doch an Stoff überlegen ...‹ *189*

Die Engländer werden uns beschämen durch reinen Menschenverstand und guten Willen, die Franzosen durch geistreiche Umsicht und praktische Ausführung. *190*

Die Sentimentalität der Engländer ist humoristisch und zart, der Franzosen populär und weinerlich, der Deutschen naiv und realistisch. *191*

... das Gefühlerregende, Gemütliche will man in der Darstellung nicht herabsteigen sehen, und wenn man sich gleich tagtäglich Liebeswechsel erlaubt, so möchte man da droben gern was Besseres gewahr werden; besonders ist dies Art der Deutschen, worüber viel zu sagen wäre. *192*

Die Deutschen sollten in einem Zeitraume von dreißig Jahren das Wort Gemüt nicht aussprechen, dann würde nach und nach Gemüt sich wieder erzeugen; jetzt heißt es nur: Nachsicht mit Schwächen, eignen und fremden. *193*

Einem jeden wohlgesinnten Deutschen ist eine gewisse Portion poetischer Gabe zu wünschen, als das wahre Mittel, seinen Zustand, von welcher Art er auch sei, mit Wert und Anmut einigermaßen zu umkleiden. *194*

[Über die Pariser Zeitschrift ›Le Globe‹] Was auf mich besonders erfreulich wirkt, das ist der gesellige Ton, in dem alles geschrieben ist: man sieht, diese Personen denken und sprechen immerfort in großer Gesellschaft, wenn man dem besten Deutschen immer die Einsamkeit abmerkt und jederzeit eine einzelne Stimme vernimmt. *195*

›... ganz abgesehen von unsern eigenen Produktionen, stehen wir schon durch das Aufnehmen und völlige Aneignen des Fremden auf einer sehr hohen Stufe der Bildung. Die andern Nationen werden schon deshalb

Deutsch lernen, weil sie inne werden müssen, daß sie sich damit das Lernen fast aller andern Sprachen gewissermaßen ersparen können; denn von welcher besitzen wir nicht die gediegensten Werke in vortrefflichen deutschen Übersetzungen? Die alten Klassiker, die Meisterwerke des neueren Europas, indische und morgenländische Literatur, hat sie nicht alle der Reichtum und die Vielseitigkeit der deutschen Sprache, wie der treue deutsche Fleiß und tief in sie eindringende Genius besser wiedergegeben als es in andern Sprachen der Fall ist?‹ *196*

1827-1832

›... die französischen Dichter haben Kenntnisse; dagegen denken die deutschen Narren, sie verlören ihr Talent, wenn sie sich um Kenntnisse bemühten ...‹ *197*

... daß ich überzeugt sei, es bilde sich eine allgemeine *Weltliteratur*, worin uns Deutschen eine ehrenvolle Rolle vorbehalten ist. Alle Nationen schauen sich nach uns um, sie loben, sie tadeln, nehmen auf und verwerfen, ahmen nach und entstellen, verstehen oder mißverstehen uns, eröffnen oder verschließen ihre Herzen: dies alles müssen wir gleichmütig aufnehmen, indem uns das Ganze von großem Wert ist. *198*

[Das Manuskript zum Helena-Akt des ›Faust‹] ›Es mag nun seine Schicksale erleben! Was mich tröstet, ist, daß die Kultur in Deutschland doch jetzt unglaublich hoch steht und man also nicht zu fürchten hat, daß eine solche Produktion lange unverstanden und ohne Wirkung bleiben werde.‹ *199*

[Weltliteratur] ... Der Deutsche kann und soll hier am meisten wirken, er wird eine schöne Rolle bei diesem großen Zusammentreten zu spielen haben. *200*

›... daß niemand ... Ursache habe, sich viel darauf einzubilden, wenn er ein gutes Gedicht macht ... wenn wir Deutschen nicht aus dem engen Kreise unserer eigenen Umgebung hinausblicken, so kommen wir gar zu leicht in diesen pedantischen Dünkel.‹ *201*

... wir Deutsche sind geneigt, uns in frühere Zeiten und Sitten, so abstehend und wunderlich sie auch sein mögen, mit einem heitern Patriotismus zu versetzen. *202*

›... wir andern im mittleren Deutschland haben unser bißchen Weisheit schwer genug erkaufen müssen. Denn wir führen doch im Grunde alle ein isoliertes armseliges Leben! Aus dem eigentlichen Volke kommt uns sehr wenige Kultur entgegen, und unsere sämtlichen Talente und guten Köpfe sind über ganz Deutschland ausgesäet. Da sitzt einer in Wien, ein anderer in Berlin, ein anderer in Königsberg, ein anderer in Bonn oder Düsseldorf, alle durch funfzig bis hundert Meilen von einander getrennt, so daß persönliche Berührungen und ein persönlicher Austausch von Gedanken zu den Seltenheiten gehört. Was dies aber wäre, empfinde ich, wenn Männer wie Alexander von Humboldt hier durchkommen, und mich in dem, was ich suche und mir zu wissen nötig, in einem einzigen Tage weiter bringen, als ich sonst auf meinem einsamen Wege in Jahren nicht erreicht hätte.
Nun aber denken Sie sich eine Stadt wie Paris, wo die vorzüglichsten Köpfe eines großen Reiches auf einem einzigen Fleck beisammen sind und in täglichem Verkehr, Kampf und Wetteifer sich gegenseitig belehren und steigern; wo das Beste aus allen Reichen der Natur und Kunst des ganzen Erdbodens der täglichen Anschauung offen steht; diese Weltstadt denken Sie sich, wo jeder Gang über eine Brücke oder einen Platz an eine große Vergangenheit erinnert, und wo an jeder Straßenecke ein Stück Geschichte sich entwickelt hat. Und zu diesem allen denken Sie sich nicht das Paris einer dumpfen geistlosen Zeit, sondern das Paris des neunzehnten Jahrhunderts, in welchem seit drei Menschenaltern durch

Männer wie Molière, Voltaire, Diderot und ihresgleichen eine solche Fülle von Geist in Kurs gesetzt ist, wie sie sich auf der ganzen Erde auf einem einzigen Fleck nicht zum zweiten Male findet, und Sie werden begreifen, daß ein guter Kopf wie Ampère, in solcher Fülle aufgewachsen, in seinem vierundzwanzigsten Jahre wohl etwas sein kann ...

Nehmen Sie ... Béranger. Er ist der Sohn armer Eltern, der Abkömmling eines armen Schneiders, dann armer Buchdruckerlehrling, dann mit kleinem Gehalt angestellt in irgendeinem Bureau; er hat nie eine gelehrte Schule, nie eine Universität besucht, und doch sind seine Lieder so voll reifer Bildung, so voll Grazie, so voll Geist und feinster Ironie und von einer solchen Kunstvollendung und meisterhaften Behandlung der Sprache, daß er nicht bloß die Bewunderung von Frankreich, sondern des ganzen gebildeten Europas ist.

Denken Sie sich aber diesen selben Béranger, anstatt in Paris geboren und in dieser Weltstadt herangekommen, als den Sohn eines armen Schneiders zu Jena oder Weimar, und lassen Sie ihn seine Laufbahn an gedachten kleinen Orten gleich kümmerlich fortsetzen, und fragen Sie sich, welche Früchte dieser selbe Baum, in einem solchen Boden und in einer solchen Atmosphäre aufgewachsen, wohl würde getragen haben ...

Nehmen Sie Burns. Wodurch ist er groß, als daß die alten Lieder seiner Vorfahren im Munde des Volkes lebten, daß sie ihm sozusagen bei der Wiege gesungen wurden, daß er als Knabe unter ihnen heranwuchs und die hohe Vortrefflichkeit dieser Muster sich ihm so einlebte, daß er darin eine lebendige Basis hatte, worauf er weiterschreiten konnte. Und ferner, wodurch ist er groß, als daß seine eigenen Lieder in seinem Volke sogleich empfängliche Ohren fanden, daß sie ihm alsobald im Felde von Schnittern und Binderinnen entgegenklangen, und er in der Schenke von heiteren Gesellen damit begrüßt wurde. Da konnte es freilich etwas werden!

Wie ärmlich sieht es dagegen bei uns Deutschen aus! Was lebte denn in meiner Jugend von unsern nicht weniger bedeutenden alten Liedern im eigentlichen Volke? Herder und seine Nachfolger mußten erst anfangen, sie zu sammeln und der Vergessenheit zu entreißen; dann hatte man sie doch wenigstens gedruckt in Bibliotheken. Und später, was haben nicht Bürger und Voß für Lieder gedichtet! Wer wollte sagen, daß sie geringer und weniger volkstümlich wären als die des vortrefflichen Burns! Allein was ist davon lebendig geworden, so daß es uns aus dem Volke wieder entgegenklänge? Sie sind geschrieben und gedruckt worden und stehen in Bibliotheken, ganz gemäß dem allgemeinen Lose deutscher Dichter. Von meinen eigenen Liedern, was lebt denn? Es wird wohl eins und das andere einmal von einem hübschen Mädchen am Klaviere gesungen, allein im eigentlichen Volke ist alles stille. Mit welchen Empfindungen muß ich der Zeit gedenken, wo italienische Fischer mir Stellen des Tasso sangen!

Wir Deutschen sind von gestern. Wir haben zwar seit einem Jahrhundert ganz tüchtig kultiviert; allein es können noch ein paar Jahrhunderte hingehen, ehe bei unseren Landsleuten so viel Geist und höhere Kultur eindringe und allgemein werde, daß sie gleich den Griechen der Schönheit huldigen, daß sie sich für ein hübsches Lied begeistern, und daß man von ihnen wird sagen können, es sei lange her, daß sie Barbaren gewesen.‹ 203

›Die Deutschen sind übrigens wunderliche Leute! Sie

machen sich durch ihre tiefen Gedanken und Ideen, die sie überall suchen und überall hineinlegen, das Leben schwerer als billig. Ei! so habt doch endlich einmal die Courage, *euch den Eindrücken hinzugeben,* euch ergötzen zu lassen, euch rühren zu lassen, euch erheben zu lassen, ja euch belehren und zu etwas Großem entflammen und ermutigen zu lassen; aber denkt nur nicht immer, es wäre alles eitel, wenn es nicht irgend abstrakter Gedanke und Idee wäre!‹ *204*

›... Es waltet in dem deutschen Volke ein Geist sensueller Exaltation, der mich fremdartig anweht: Kunst und Philosophie stehen abgerissen vom Leben in abstraktem Charakter, fern von den Naturquellen, welche sie ernähren sollen. Ich liebe das echt volkseigene Ideenleben der Deutschen und ergehe mich gern in seinen Irrgängen, aber in steter Begleitung des Lebendignatürlichen ...‹
205

›Die Franzosen haben bisher immer den Ruhm gehabt, die geistreichste Nation zu sein, und sie verdienen es zu bleiben. Wir Deutschen fallen mit unserer Meinung gerne gerade heraus und haben es im Indirekten noch nicht sehr weit gebracht.‹ *206*

Eine wahrhaft allgemeine Duldung wird am sichersten erreicht, wenn man das Besondere der einzelnen Menschen und Völkerschaften auf sich beruhen läßt, bei der Überzeugung jedoch festhält, daß das wahrhaft Verdienstliche sich dadurch auszeichnet, daß es der ganzen Menschheit angehört. Zu einer solchen Vermittlung und wechselseitigen Anerkennung tragen die Deutschen seit langer Zeit schon bei.

Wer die deutsche Sprache versteht und studiert, befindet sich auf dem Markte, wo alle Nationen ihre Waren anbieten, er spielt den Dolmetscher, indem er sich selbst bereichert. *207*

... die Eigenheit deutscher Individuen, von irgend einem gebahnten Wege abzuweichen, anstatt sich des dargebotenen Vorteils zu bedienen und die Angelegenheit schneller ins Praktische zu führen ... *208*

Es ist wie bei uns Deutschen immer das willkürliche Subjekt, das sich gegen Objekt und Gesetz wehrt und sich einbildet, dadurch etwas zu werden und wohin zu gelangen. Die Franzosen machen es schon besser, denn ihre praktische Natur treibt sie immer wieder ins Wirkliche; und wenn sie auch das Gesetz nicht anerkennen, so halten sie doch auf Regel, und damit kommen sie weit. *209*

... die Deutschen werden sich mit ihrem Unabhängigkeitsgefühl noch eine Weile abquälen. *210*

Ein geselliges Bestreben fördert den Franzosen auf die schönste Weise, welches von den Deutschen nicht zu erwarten ist; ihre Vereine gehen zwar auf löbliche, aber auf solche Zwecke hinaus, wo ein jeder mitwirken kann, er sei, wer er wolle, der König und der Vagabund, der Gelehrte wie der Schüler, der Greis wie das Kind, alle können ihr Gold, Silber und Kupfer, wie sie es vermögen, auf Wohltätigkeit, Monumente und fromme Stiftungen gleich willig hergeben; aber die höheren Zwecke, wozu Geist und Kraft nötig ist, in den Regionen der Wissenschaft und Kunst muß jeder für sich allein zu erreichen suchen; es

kommt selten der Fall, daß er wahrhaft gefördert werde. *211*

Das zweite Hindernis liegt in der unbezwinglichen Selb-
stigkeitslust der lieben Deutschen, so daß jeder in seinem
Fache auch auf seine Weise gebaren will. Niemand hat
einen Begriff, daß ein Individuum sich resignieren müsse,
wenn es zu etwas kommen soll ... *212*

Dem Deutschen fehlt, woran seine Lage Ursache sein mag,
durchaus der Trieb, die Lust, das Bedürfnis, sich im geselligen Leben zu bilden, wogegen der Franzos ganz allein
von und für die Gesellschaft existiert, daher denn auch,
was er schriftlich äußert, gewiß immer von dem größten
Einflusse gekrönt wird. Ich habe den fünften Teil des
›Globe‹ vor mir, bis zur 90ten Nummer, und es ist unter
den verschiedensten Rubriken immer derselbe Sinn,
dieselbige Behandlung. Ein Zweck macht sich klar, alle
auf den verschiedensten Wegen, jeder nach seinen beson-
deren Absichten und Vorhaben, ist im Allgemeinen mit
seinen Mitarbeitern einverstanden, der Statistiker wie der
Theaterfreund, der Historiker wie der lüderliche Vaudevilliste, alle wirken in Gesellschaft, und wenn sie auch unter einander, wie wir nicht wissen, im Streite liegen, so
merkt man es doch nicht in diesen Blättern; daher kommt
das angenehme Gefühl, daß ... sie unter einander so einig
sind und so heiter in Harmonie stehen.
In Deutschland dagegen sucht jeder seine Individualität eifrig zu bewahren, er bildet sich im Stillen von
innen heraus, und wenn er sich zuletzt oben im Freien
umzusehen glaubt, so findet er nur weniges, was ihm
vollkommen antwortet, da ihm denn auch niemand
etwas ganz recht macht. Ich habe in meinem Leben hie-

von sehr viel gelitten und will davon nicht weiter fort-
fahren. *213*

Leidet doch die bildende Kunst der Deutschen seit dreißig Jahren an dem Hegen und Pflegen des Schwach- und
Eigensinnes und des daraus hervorgehenden Dünkels und
einer dadurch bewirkten Unverbesserlichkeit. *214*

›Im Deutschen lügt man, wenn man höflich ist.‹ *215*

Diese Nation weiß durchaus nichts zurechtzulegen,
durchaus stolpern sie über Strohhalmen ... Ebenso quälen sie sich und mich mit den Weissagungen des Bakis,
früher mit dem Hexen-Einmaleins und so manchem andern Unsinn, den man dem schlichten Menschenver-
stande anzueignen gedenkt. Suchten sie doch die psy-
chisch-sittlich-ästhetischen Rätsel, die in meinen Werken
mit freigebigen Händen ausgestreut sind, sich anzueignen
und sich ihre Lebensrätsel dadurch aufzuklären! Doch
viele tun es ja, und wir wollen nicht zürnen, daß es nicht
immer und überall geschieht. *216*

... da aber unsre lieben deutschen Leser sich nicht leicht
bemühn, irgend etwas zu supplieren, wenn es auch noch
so nah liegt ... *217*

›... Sie werden die einfache treue Rechtlichkeit deutscher
Zustände nicht verschmähen, und mir verzeihen, wenn
ich ... kein anmutigeres Bild finde, als wie sie uns der
deutsche Mittelstand in seinen reinen Häuslichkeiten sehen läßt.‹ *218*

Jetzt, da sich eine Weltliteratur einleitet, hat, genau besehen, der Deutsche am meisten zu verlieren; er wird wohltun, dieser Warnung nachzudenken. *219*

Der Deutsche läuft keine größere Gefahr, als sich mit und an seinen Nachbarn zu steigern. Es ist vielleicht keine Nation geeigneter, sich aus sich selbst zu entwickeln; deswegen es ihr zum größten Vorteil gereichte, daß die Außenwelt so spät von ihr Notiz nahm. *220*

›... die Engländer überhaupt scheinen vor vielen anderen etwas vorauszuhaben. Wir sehen hier in Weimar ja nur ein Minimum von ihnen und wahrscheinlich keineswegs die besten; aber was sind das alles für tüchtige, hübsche Leute! Und so jung und siebzehnjährig sie hier auch ankommen, so fühlen sie sich doch in dieser deutschen Fremde keineswegs fremd und verlegen; vielmehr ist ihr Auftreten und ihr Benehmen in der Gesellschaft so voller Zuversicht und so bequem, als wären sie überall die Herren und als gehöre die Welt überall ihnen. Das ist es denn auch, was unsern Weibern gefällt und wodurch sie in den Herzen unserer jungen Dämchen so viele Verwüstungen anrichten ... Es sind gefährliche junge Leute; aber freilich, daß sie gefährlich sind, das ist eben ihre Tugend.
Ich möchte jedoch nicht behaupten, versetzte ich, daß unsere Weimarischen jungen Engländer gescheuter, geistreicher, unterrichteter und von Herzen vortrefflicher wären als andere Leute auch.
In solchen Dingen, mein Bester, erwiderte Goethe, liegts nicht. Es liegt auch nicht in der Geburt und im Reichtum. Sondern es liegt darin, daß sie eben die Courage haben, das zu sein, wozu die Natur sie gemacht hat. Es ist an ihnen nichts verbildet und verbogen, es sind an ihnen keine Halbheiten und Schiefheiten; sondern wie sie auch sind,

es sind immer durchaus komplette Menschen. Auch komplette Narren mitunter, das gebe ich von Herzen zu; allein es ist doch was und hat doch auf der Waage der Natur immer einiges Gewicht.

Das Glück der persönlichen Freiheit, das Bewußtsein des englischen Namens und welche Bedeutung ihm bei andern Nationen beiwohnt, kommt schon den Kindern zugute, so daß sie sowohl in der Familie als in den Unterrichtsanstalten mit weit größerer Achtung behandelt werden und einer weit glücklich-freieren Entwickelung genießen als bei uns Deutschen.

Ich brauche nur in unserm lieben Weimar zum Fenster hinauszusehen, um gewahr zu werden, wie es bei uns steht. Als neulich der Schnee lag, und meine Nachbarskinder ihre kleinen Schlitten auf der Straße probieren wollten, sogleich war ein Polizeidiener nahe, und ich sah die armen Dingerchen fliehen so schnell sie konnten. Jetzt, wo die Frühlingssonne sie aus den Häusern lockt und sie mit ihresgleichen vor ihren Türen gerne ein Spielchen machten, sehe ich sie immer geniert, als wären sie nicht sicher und als fürchteten sie das Herannahen irgendeines polizeilichen Machthabers. Es darf kein Bube mit der Peitsche knallen, oder singen, oder rufen, sogleich ist die Polizei da, es ihm zu verbieten. Es geht bei uns alles dahin, die liebe Jugend frühzeitig zahm zu machen und alle Natur, alle Originalität und alle Wildheit auszutreiben, so daß am Ende nichts übrig bleibt als der Philister.

Sie wissen, es vergeht bei mir kaum ein Tag, wo ich nicht von durchreisenden Fremden besucht werde. Wenn ich aber sagen sollte, daß ich an den persönlichen Erscheinungen, besonders junger deutscher Gelehrten aus einer gewissen nordöstlichen Richtung, große Freude hätte, so müßte ich lügen. Kurzsichtig, blaß, mit eingefallener

Brust, jung ohne Jugend: das ist das Bild der meisten, wie sie sich mir darstellen. Und wie ich mit ihnen mich in ein Gespräch einlasse, habe ich sogleich zu bemerken, daß ihnen dasjenige, woran unsereiner Freude hat, nichtig und trivial erscheint, daß sie ganz in der Idee stecken und nur die höchsten Probleme der Spekulation sie zu interessieren geeignet sind. Von gesunden Sinnen und Freude am Sinnlichen ist bei ihnen keine Spur, alles Jugendgefühl und alle Jugendlust ist bei ihnen ausgetrieben, und zwar unwiederbringlich; denn wenn einer in seinem zwanzigsten Jahre nicht jung ist, wie soll er es in seinem vierzigsten sein! ...

Könnte man nur den Deutschen, nach dem Vorbilde der Engländer, weniger Philosophie und mehr Tatkraft, weniger Theorie und mehr Praxis beibringen ... Sehr viel könnte geschehen von unten, vom Volke, durch Schulen und häusliche Erziehung, sehr viel von oben durch die Herrscher und ihre Nächsten.

So z.B. kann ich nicht billigen, daß man von den studierenden künftigen Staatsdienern gar zu viele theoretischgelehrte Kenntnisse verlangt, wodurch die jungen Leute vor der Zeit geistig wie körperlich ruiniert werden. Treten sie nun hierauf in den praktischen Dienst, so besitzen sie zwar einen ungeheuren Vorrat an philosophischen und gelehrten Dingen, allein er kann in dem beschränkten Kreise ihres Berufes gar nicht zur Anwendung kommen und muß daher als unnütz wieder vergessen werden. Dagegen aber, was sie am meisten bedurften, haben sie eingebüßt: es fehlt ihnen die nötige geistige wie körperliche Energie, die bei einem tüchtigen Auftreten im praktischen Verkehr ganz unerläßlich ist.

Und dann! bedarf es denn im Leben eines Staatsdieners, in Behandlung der Menschen, nicht auch der Liebe und des Wohlwollens? Und wie soll einer gegen andere Wohlwollen empfinden und ausüben, wenn es ihm selber nicht wohl ist?

Es ist aber den Leuten allen herzlich schlecht! Der dritte Teil der an den Schreibtisch gefesselten Gelehrten und Staatsdiener ist körperlich anbrüchig und dem Dämon der Hypochondrie verfallen. Hier täte es not, von oben her einzuwirken, um wenigstens künftige Generationen vor ähnlichem Verderben zu schützen.

Wir wollen indes, fügte Goethe lächelnd hinzu, hoffen und erwarten, wie es etwa in einem Jahrhundert mit uns Deutschen aussieht, und ob wir es sodann dahin werden gebracht haben, nicht mehr abstrakte Gelehrte und Philosophen, sondern Menschen zu sein.‹ *221*

Das Unglück ist bei dem Selbstwollen unsrer Zeit, das durch die ganze Welt geht, daß niemand den gebahnten Weg verfolgen mag (zum praktischen Ziel, worauf doch alles ankommt, damit Erkennen und Wissen in Tat verwandelt werde), daß niemand zu denken scheint, die Chaussee sei dazu da, um vom Fleck zu kommen. Jeder sucht sich ein Abweglein, als wenn das Leben ein Spazierengehen wäre. Eigentlichst aber ist dies der Fehler der Deutschen, in welchen die Engländer niemals verfallen, auch machen sich die Franzosen der neusten Zeit desselben nicht schuldig. *222*

... das Mindeste, was ein Franzos nur schreibt und vorträgt, ist als an eine große Gesellschaft gerichtet, der er zu gefallen, die er zu überreden wünscht; der Deutsche, wenn er es sich selbst recht macht, glaubt alles getan zu haben. *223*

Mögen sich doch die fremden Nationen bei dieser Gelegenheit sagen, daß der Deutsche, so rechtlich und gutmütig er auch sonst sei, noch manchmal launische Anwandlungen von Ungerechtigkeit habe, die er denn ganz unbewunden, als müsse das so sein, an Fremden wie an Landsleuten ausübt. Dergleichen geht jedoch meist ganz ohne Widerspruch hin, das Falsche kann sogar eine Zeitlang kursieren, bis sich endlich das Wahre herstellt, man weiß nicht wie. *224*

... der Fall kommt öfter vor als man denkt, daß eine Nation Saft und Kraft aus einem Werke aussaugt und in ihr eigenes inneres Leben dergestalt aufnimmt, daß sie daran keine weitere Freude haben, sich daraus keine Nahrung weiter zueignen kann. Vorzüglich begegnet dies den Deutschen, die gar zu schnell alles, was ihnen geboten wird, verarbeiten und, indem sie es durch mancherlei Wiederholungen umgestalten, es gewissermaßen vernichten. *225*

Die lieben Deutschen glauben nur Geist zu haben, wenn sie paradox, d.h. ungerecht sind. *226*

› Was aber die Herren vom ,Globe' für Menschen sind, ... wie die mit jedem Tage größer, bedeutender werden und alle wie von Einem Sinne durchdrungen sind, davon hat man kaum einen Begriff. In Deutschland wäre ein solches Blatt rein unmöglich. Wir sind lauter Partikuliers; an Übereinstimmung ist nicht zu denken; jeder hat die Meinungen seiner Provinz, seiner Stadt, ja seines eigenen Individuums, und wir können noch lange warten, bis wir zu einer Art von allgemeiner Durchbildung kommen.‹
227

›Mir ist nicht bange . . . , daß Deutschland nicht eins werde; unsere guten Chausseen und künftigen Eisenbahnen werden schon das ihrige tun. Vor allen aber sei es eins in Liebe unter einander! und immer sei es eins gegen den auswärtigen Feind. Es sei eins, daß der deutsche Taler und Groschen im ganzen Reiche gleichen Wert habe; eins, daß mein Reisekoffer durch alle sechsunddreißig Staaten ungeöffnet passieren könne. Es sei eins, daß der städtische Reisepaß eines weimarischen Bürgers von dem Grenzbeamten eines großen Nachbarstaates nicht für unzulänglich gehalten werde, als der Paß eines *Ausländers*. Es sei von Inland und Ausland unter deutschen Staaten überall keine Rede mehr. Deutschland sei ferner eins in Maß und Gewicht, in Handel und Wandel, und hundert ähnlichen Dingen, die ich nicht alle nennen kann und mag.

Wenn man aber denkt, die Einheit Deutschlands bestehe darin, daß das sehr große Reich eine einzige große Residenz habe, und daß diese eine große Residenz wie zum Wohl der Entwickelung einzelner großer Talente, so auch zum Wohl der großen Masse des Volkes gereiche, so ist man im Irrtum.

Man hat einen Staat wohl einem lebendigen Körper mit vielen Gliedern verglichen, und so ließe sich wohl die Residenz eines Staates dem Herzen vergleichen, von welchem aus Leben und Wohlsein in die einzelnen nahen und fernen Glieder strömt. Sind aber die Glieder sehr ferne vom Herzen, so wird das zuströmende Leben schwach und immer schwächer empfunden werden. Ein geistreicher Franzose, ich glaube Dupin, hat eine Karte über den Kulturzustand Frankreichs entworfen und die größere oder geringere Aufklärung der verschiedenen Departements mit helleren oder dunkleren Farben zur Anschauung gebracht. Da finden sich nun, besonders in südlichen, weit von der Residenz entlegenen Provinzen, einzelne Departements, die in ganz schwarzer Farbe daliegen, als Zeichen einer dort herrschenden großen Finsternis. Würde das aber wohl sein, wenn das schöne Frankreich, statt des *einen* großen Mittelpunktes, *zehn* Mittelpunkte hätte, von denen Licht und Leben ausginge?

Wodurch ist Deutschland groß, als durch eine bewundernswürdige Volks-Kultur, die alle Teile des Reichs gleichmäßig durchdrungen hat. Sind es aber nicht die einzelnen Fürstensitze, von denen sie ausgeht, und welche ihre Träger und Pfleger sind? – Gesetzt, wir hätten in Deutschland seit Jahrhunderten nur die beiden Residenzstädte Wien und Berlin, oder gar nur eine, da möchte ich doch sehen, wie es um die deutsche Kultur stände? ja auch um einen überall verbreiteten Wohlstand, der mit der Kultur Hand in Hand geht!

Deutschland hat über zwanzig im ganzen Reich verteilte Universitäten, und über hundert ebenso verbreitete öffentliche Bibliotheken. An Kunstsammlungen und Sammlungen von Gegenständen aller Naturreiche gleichfalls eine große Zahl ... Gymnasien und Schulen für Technik und Industrie sind im Überfluß da ...

Und wiederum die Menge deutscher Theater, deren Zahl über siebenzig hinausgeht, und die doch auch als Träger und Beförderer höherer Volksbildung keineswegs zu verachten. Der Sinn für Musik und Gesang und ihre Ausübung ist in keinem Lande verbreitet wie in Deutschland, und das ist auch etwas!

Nun denken Sie aber an Städte wie Dresden, München, Stuttgart, Kassel, Braunschweig, Hannover und ähnliche; denken Sie an die großen Lebenselemente, die diese Städte in sich selber tragen; denken Sie an die Wirkun-

gen, die von ihnen auf die benachbarten Provinzen aus-
gehen...
Frankfurt, Bremen, Hamburg, Lübeck sind groß und
glänzend, ihre Wirkungen auf den Wohlstand von
Deutschland gar nicht zu berechnen. Würden sie aber
wohl bleiben was sie sind, wenn sie ihre eigene Souverä-
netät verlieren und irgendeinem großen deutschen Reich
als Provinzialstädte einverleibt werden sollten? – Ich habe
Ursache, daran zu zweifeln.‹ *228*

›Die Deutschen können die Philisterei nicht loswer-
den.‹ *229*

›Das Schwache ist ein Charakterzug unsers Jahrhunderts.
Ich habe die Hypothese, daß es in Deutschland eine Folge
der Anstrengung ist, die Franzosen loszuwerden.‹ *230*

›Wie Guizot von den Einflüssen redet, welche die Gallier
in früher Zeit von fremden Nationen empfangen, ist mir
besonders merkwürdig gewesen, was er von den Deutschen sagt. Die Germanen, sagt er, brachten uns die Idee
der persönlichen Freiheit, welche diesem Volke vor allem
eigen war. Ist das nicht sehr artig und hat er nicht vollkommen recht, und ist nicht diese Idee noch bis auf den
heutigen Tag unter uns wirksam? – Die Reformation kam
aus dieser Quelle wie die Burschenverschwörung auf der
Wartburg, Gescheites wie Dummes. Auch das Buntschek-
kige unserer Literatur, die Sucht unserer Poeten nach
Originalität, und daß jeder glaubt eine neue Bahn machen
zu müssen, so wie die Absonderung und Verisolierung
unserer Gelehrten, wo jeder für sich steht und von seinem
Punkte aus sein Wesen treibt: alles kommt daher. Franzosen und Engländer dagegen halten weit mehr zusam-

men und richten sich nach einander. In Kleidung und Betragen haben sie etwas Übereinstimmendes. Sie fürchten, von einander abzuweichen, um sich nicht auffallend oder gar lächerlich zu machen. Die Deutschen aber gehen jeder seinem Kopfe nach, jeder sucht sich selber genug zu tun; er fragt nicht nach dem andern...‹ 231

›Während aber die Deutschen sich mit Auflösung philosophischer Probleme quälen, lachen uns die Engländer mit ihrem großen praktischen Verstande aus und gewinnen die Welt.‹ 232

Die deutsche Poesie bringt... eigentlich nur Ausdrücke, Seufzer und Interjektionen wohldenkender Individuen. Jeder einzelne tritt auf nach seinem Naturell und seiner Bildung; kaum irgend etwas geht ins Allgemeine, Höhere; am wenigsten merkt man einen häuslichen, städtischen, kaum einen ländlichen Zustand; von dem, was Staat und Kirche betrifft, ist gar nichts zu merken. Dies wollen wir nicht tadeln, sondern gelten lassen für das, was es ist. Ich spreche es nur deshalb aus, um zu sagen: daß die französische Poesie, so wie die französische Literatur, sich nicht einen Augenblick von Leben und Leidenschaft der ganzen Nationalität abtrennt... 233

...unsern ethisch-ästhetischen Bestrebungen, welche für einen besondern Charakterzug der Deutschen gelten können... 234

... die Deutschen, bei denen überhaupt das Gemeine weit mehr überhand zu nehmen Gelegenheit findet als bei andern Nationen... 235

›Niebuhr hat recht gehabt, wenn er eine barbarische Zeit kommen sah. Sie ist schon da, wir sind schon mitten darinne; denn worin besteht die Barbarei anders, als darin, daß man das Vortreffliche nicht anerkennt.‹ *236*

›...die Deutschen wissen nicht leicht, wie sie etwas Ungewohntes zu nehmen haben, und das Höhere geht oft an ihnen vorüber, ohne daß sie es gewahr werden.‹ *237*

... die genetische Denkweise, deren sich der Deutsche nun einmal nicht entschlagen kann... *238*

Gerechtigkeit: Eigenschaft und Phantom der Deutschen. *239*

Jahreszahlen, die auf Titel von Werken folgen, bezeichnen die Entstehungszeit; E: erstes Erscheinen im Druck; ›Nachlaß‹: Erscheinen nach Goethes Tode. Im Datum der Briefe, Tagebuchnotizen und Gespräche ist überall dort, wo nicht ein anderer Ortsname genannt wird, ›Weimar‹ zu ergänzen.

Abkürzungen: DuW = Dichtung und Wahrheit – KuA = Zeitschrift ›Ueber Kunst und Alterthum‹ – MuR = Maximen und Reflexionen (Nummern nach Max Heckers Ausgabe, Schriften der Goethe-Gesellschaft, Bd. 21, Weimar 1907; Neuausgabe insel taschenbuch 200, Frankfurt am Main 1976) – WA = große Weimarer (Sophien-Ausgabe) – WML = Wilhelm Meisters Lehrjahre – WMW = Wilhelm Meisters Wanderjahre – Xe = Xenien (Nummern nach WA, wie auch bei den Votivtafeln und den Vier Jahreszeiten) – ZX = Zahme Xenien (Verszählung nach WA).

1 14. August 1780, zu Joh. Ant. Leisewitz (1752 - 1806), dem Verfasser des Dramas ›Julius von Tarent‹, der auf einer Reise Weimar besuchte.

2 Aurelie in ›Wilhelm Meisters Theatralische Sendung‹ VI, 12 – etwa 1783 – auch WML IV, 20 – E: 1795.

3 Rom, 13. Dezember 1786 – an Herder nach Weimar – auch Italienische Reise I – E: 1816.

4 Italienische Reise I, Rom, 22. Januar 1787 – fehlt in den Briefen aus jener Zeit, vermutlich Zusatz von 1815/16 – E: 1816.

5 Rom – 7. - 10. Februar 1787 – an Charlotte von Stein (1742 - 1827) nach Weimar – über seine ›Versuche in einer neuen Manier‹ zu zeichnen.

6 15. Juni 1789 – an den Musiker und Publizisten Joh. Friedr. Reichardt in Halle (1752 - 1814), den Goethe später in den ›Xenien‹ scharf angriff. Siehe zu Nr. 20 und zu Nr. 48.

7 28. Februar 1790 – an Reichardt nach Halle.

8 Venetianische Epigramme Nr. 33 – 1790 – E: 1795.

9 Ettersburg, 27. August 1794 – an Schiller nach Jena.

10 wohl zweite Hälfte des Jahres 1794 – an Hans Christoph Ernst Freiherrn von Gagern (1766 - 1852), Minister und Präsident

der Regierung der Grafschaft Nassau-Weilburg – Entwurf einer Antwort auf dessen Aufforderung, mitzuwirken beim Widerstand gegen die Französische Revolution.

11 Serlo in WML V, 4 – 1795? – E: 1795.

12 WML V, 6 – E: 1795.

13 Aufsatz ›Literarischer Sansculottismus‹ – Frühjahr 1795 – E: 1795.

14 (3. Dezember) 1795 – an den Freund Wilhelm von Humboldt (1767 - 1835), den Philosophen, Sprachforscher, späteren preußischen Diplomaten und Minister, nach Berlin; mit Beziehung auf das ›Märchen‹, das die ›Unterhaltungen deutscher Ausgewanderten‹ beschließt.

15 (30. Dezember) 1795 – an Schiller nach Jena.

16 Friedrich in WML VIII, 6 – etwa 1796 – E: 1796.

17 Vorbereitung zur Zweiten Reise nach Italien – 1795/96.

18 ebendort; aus einer vergleichenden Tabelle, in der nach denselben Kategorien Gallus, Italus, Hispanus, Anglus behandelt sind. Die Rubrik Germanus besagt, ins Deutsche übertragen: Der Deutsche: im Gang: hahnenartig – in der Gebärde: schaukämpfermäßig – die Miene: unbeherrscht – die Stimme: kräftig – im Gespräch: ernsthaft – in den Umgangsformen: ungeschlacht – in der Kleidung: bunt und doch nicht gewählt – im Gesang: heult er, die Belgier ausgenommen – im Vortrag: schwerfällig und kunstlos – im Rat: brauchbar – gegen Fremde: ungastlich und grob – in der Unterhaltung: herrschsüchtig und unausstehlich – in der Liebe: gefallsüchtig – im Haß: Rächer – in Geschäften: rührig – hervorragend in: Gewissenhaftigkeit und mechanischen Künsten – sind gescheit: hinterher – liebt: den Kühnen – in Studien: ernsthaft und ausdauernd.

19 Xe 323 – 1796 – E: 1796.

20 Xe Nachlaß 34 – 1796 – (wie auch Nr. 30) gegen die Französische Revolution und ihre Parteigänger in Deutschland, vor allem Reichardt (siehe zu Nr. 6); als zu scharf nicht veröffentlicht (ähnlich Xe Nachlaß 8 und 10).

21 Xe Nachlaß 142 – 1796.

22 Votivtafeln 51 – 1796 – E: 1796.

23 aus Xe 256 – 1796 – E: 1796.

24 Votivtafeln 60/61 – 1796 – E: 1796.

25 Votivtafeln 63 – 1796 – E: 1796.

26 Vier Jahreszeiten 43 – 1796 – E: 1796.

27 Xe 96 – 1796 – E: 1796.

28 17. August 1796 – an Schiller nach Jena. – schönen Sprüche: in den ›Votivtafeln‹ des Musenalmanachs auf 1797.

29 7. Dezember 1796 – an Schiller nach Jena – über eine Schrift gegen die ›Xenien‹.

30 Hermann in ›Hermann und Dorothea‹, neunter Gesang, V. 305/306 – März/April 1797 – E: 1797. Siehe zu Nr. 20.

31 Aus den Vorarbeiten zu der Zeitschrift ›Die Propyläen‹ – 1797/98 – Trippels: des Bildhauers Alexander T. (1744 - 1793), der zwischen 1787 und 1790 zwei Büsten Goethes geschaffen hat.

32 31. Januar 1798 – an Schiller nach Jena – Cimarosas Oper: ›Die bestrafte Eifersucht‹ (Weimarer Erstaufführung am 30. Januar).

33 Aus den Vorarbeiten zu den ›Propyläen‹ – Aufsatz ›Über strenge Urteile‹ – um 1799 – Nachlaß.

34 16. September 1799 – an Wilhelm v. Humboldt nach Paris; aus Anlaß von Differenzen zwischen Kant und Fichte, Herder und Kant.

35 ›Abkündigung‹ (geplantes Schlußgedicht) zum ›Faust‹, V. 2 – um 1800 – Nachlaß.

36 Aufsatz ›Die [Weimarische] Preisaufgabe betreffend – Preiserteilung 1800‹ – E: 1800.

37 28. Februar 1801 – an C. F. M. P. Grafen Brühl (1772 - 1837), nachmals Generalintendant der Berliner Königlichen Schauspiele.

38 Aufsatz ›Weimarisches Hoftheater‹ – 1802 – E: März 1802.

39 14. März 1803 – an Wilhelm von Humboldt nach Rom – mit Bezug auf den dort lebenden Kunstästhetiker und Übersetzer C. L. Fernow (1763 - 1808), der an die Universität Jena berufen worden war und für den Goethe ›seltsamen Konflikt‹ voraussah.

40 Jena, 29. November 1803 – an Joh. Friedr. Rochlitz (1769 -

1842), Schriftsteller in Leipzig, Begründer der Allgemeinen Musikalischen Zeitung, der ihm ›ein freundlich in Berlin geschriebenes Wort über die ‚Natürliche Tochter'‹ zugesagt hatte.
– Charivari: vielfältiger Lärm, Katzenmusik.

41 Anmerkungen zu der Übersetzung von Diderots Dialog ›Rameaus Neffe‹, Abschnitt ›Rameaus Neffe‹ – März/April 1805 – E: 1805.

42 19. Juni 1805 – an den Freund Carl Friedrich Zelter (1758 - 1832), Komponisten und Leiter der Singakademie in Berlin.

43 vor 1806 – Erzählung von Goethes ›Urfreund‹ Karl Ludwig von Knebel (1744 - 1834), im Gespräch (Sommer 1806) mit dem Historiker Heinrich Luden (1780 - 1847), der damals eine Professur in Jena übernommen hatte – nach Ludens Bericht in seinen Erinnerungen (1847).

44 Rezension ›Gottlieb Hillers Gedichte und Selbstbiographie‹ – Januar 1806 – Nachlaß.

45 Ende November 1806, zu C. L. Fernow (s. zu Nr. 39). Cotta: siehe zu Nr. 47. – Palladium: schützendes Heiligtum.

46 8. Dezember 1806, zu Friedrich Wilhelm Riemer (1774 - 1845), dem nahen Mitarbeiter und langjährigen Hausgenossen.

47 24. Dezember 1806 – an Johann Friedrich Cotta (1764 - 1832), Verlagsbuchhändler in Tübingen, seit 1795 durch Schillers ›Horen‹ mit Goethe verbunden, seit 1798 sein Verleger; Herausgeber der Allgemeinen Zeitung (in Ulm, später in Augsburg), die nach den Kriegsereignissen des Herbstes 1806 über Weimarer Hof- und Privatverhältnisse klatschhaft und unwahr berichtet hatte – als zu heftig nicht abgesandt.

48 zu Riemer, ›nach dem Jahre 1806, indem es vorzüglich auf Kotzebue, Merkel, Reichardt usw. geht‹; fast wörtlich ebenso zu demselben, Jena, 24. August 1809. Vgl. unten Nr. 164 a.

49 Zur Farbenlehre, Didaktischer Teil, Abschnitt 728 – Anfang 1807 – E: 1810.

50 Karlsbad, 30. Mai 1807 – Christine Reinhard, geb. Reimarus (1771–1815). Gattin Carl F. v. Reinhards (siehe zu Nr. 70), an ihre Mutter.

51 MuR 1331 – Nachlaß.

52 Karlsbad, 27. Juli 1807 – an Zelter nach Berlin.

53 28. September 1807 – an W. v. Rumohr auf Trenthorst bei Lübeck, der Gedichte eines Untergebenen übersandt hatte.

54 7. März 1808 – an den Freund Friedrich Heinrich Jacobi (1743 - 1819), Präsidenten der Akademie der Wissenschaften in München – Iffland: August Wilhelm I. (1759 - 1814), der gefeierte Charakterspieler und Bühnenschriftsteller, seit 1796 Direktor des Königlichen Nationaltheaters in Berlin; auf Goethes Einladung wiederholt Gast der Weimarer Bühne (siehe zu Nr. 119 und Nr. 124) – protestantischer Heiliger: Luther, die Hauptfigur in Zacharias Werners Schauspiel ›Die Weihe der Kraft‹ (Berliner Uraufführung Juni 1806) – 14. Oktober (1806): Tag der preußischen Niederlage bei Jena und Auerstädt.

55 15. März 1808, Tagebuch.

56 auf der Reise zwischen Weimar und Pösneck, 12. Mai 1808, zu Riemer – delecta cultura: abgesondert-auserlesene Kultur.

57 Karlsbad, 26. Mai 1808 – an Anne Germaine de Staël-Holstein, née Necker (1766 - 1817) nach Dresden – ihr Buch ›De l'Allemagne‹, dem bereits ihr Weimarer Aufenthalt Dezember 1803 - Februar 1804 gegolten hatte, konnte, der politischen Umstände wegen, erst 1813 erscheinen. Vgl. Nr. 111.

58 Karlsbad, 3. Juni 1808 – an den Sohn August von Goethe (1789 - 1830), Studenten der Rechte in Heidelberg.

59 Zur Farbenlehre, Historischer Teil, Betrachtungen über Farbenlehre und Farbenbehandlung der Alten – Karlsbad, August 1808 – E: 1810.

60, 61, 62 aus Vorarbeiten zu einem deutschen Volksbuch historischen Inhalts – Karlsbad, August 1808.

63 17./18. November 1808, zu Wilhelm v. Humboldt – mit Beziehung auf deutsche Literatur.

64 und 65 14. Dezember 1808, zu dem Vertrauten Friedrich von Müller (1779 - 1849), weimarischem Geh. Regierungsrat, nachmals Kanzler. – Morgenblatt: für gebildete Stände, ein Cottasches Unternehmen (1806 - 1865); Elegante Zeitung: Zeitung für die elegante Welt (Leipzig, 1801 bis nach 1850); Freimüthiger: herausgegeben von Goethes Widersachern August von Kotzebue und Garlieb Merkel (Berlin, 1803 bis nach 1840). Siehe auch zu Nr. 48 und zu Nr. 117.

66 (28.) Februar 1809, zu Joh. Dan. Falk (1768 - 1826), dem befreundeten Weimarer Schriftsteller und Philanthropen; mit Bezug auf die Wirkung der Idee von der ›Metamorphose der Pflanzen‹.

67 Jena, 26. August 1809 – an Zelter nach Berlin.

68 Jena, (1. Oktober 1809) – an Cotta nach Tübingen.

69 30. Oktober 1809 – an Zelter nach Berlin.

70 31. Dezember 1809 – an den Freund Carl F. von Reinhard (1761–1837), den französischen Diplomaten und Staatsmann deutscher Abkunft, nach Kassel; anläßlich der ›Wahlverwandtschaften‹.

71 10. Januar 1810 – an Knebel nach Jena.

72 Karlsbad, 22. Juli 1810 – an Reinhard nach Kassel – Degérando: Joseph Marie de Gérando (1772 - 1842), Staatsmann, Schriftsteller; ›Discours‹: De la génération des connaissances humaines, 1802 (gekrönt mit dem Preis der Berliner Akademie der Wissenschaften); ›Geschichte der Philosophie‹: Histoire complète des systèmes de philosophie considérés relativement aux principes des connaissances humaines, zuerst 1803.

73 20. Oktober 1811 – an den Philologen und Übersetzer Franz Ludw. Passow (1786 - 1833), vormals weimarischer Gymnasialprofessor, nach Jenkau bei Danzig.

74 DuW II, 6 – 1811/12 – E: 1812.

75 und 76 DuW, Entwürfe zum 7. Buch – Ende 1811/Mai 1812 – gemütlich: hier soviel wie gemütvoll.

77 21. Dezember 1811, zu Riemer.

78 30. Januar 1812 – an Rochlitz nach Leipzig.

79 DuW II, 7 – 1811/12 – E: 1812 – bei Erwähnung des Satirikers Liscow (1701 - 1760).

80 Karlsbad, 31. August 1812 – an Wilhelm von Humboldt nach Wien – über den ›lehrreichen Umgang‹ des preußischen Staatsrates Joh. Gottfr. Langermann (1768 - 1832) aus Berlin.

81 ebendort. Friedrich August Wolf (1759 - 1824), der große Philologe, hatte sich unzufrieden über Niebuhrs ›Römische Geschichte‹ geäußert.

82 17. Oktober 1812 – an Knebel nach Jena, der eine von Helmina von Chézy (1783 - 1856) übersetzte Stelle aus Calderón übersandt hatte.

83 Jena, 14. November 1812 – an Reinhard nach Kassel.

84 29. November 1812, Tagebuch.

85 12. Dezember 1812 – an Zelter nach Berlin.

86 DuW III, II – Ende 1812/Juni 1813 – bei Schilderung der Straßburger Zeit (1770/71), mit Bezug auf seine und seiner Freunde Abneigung gegen Voltaire und dessen ›parteiische Unredlichkeit‹ – E: 1814.

87 und 88 DuW III, 12 – Ende 1812/1813 – E: 1814.

89 25. Januar 1813 – an Reinhard nach Kassel.

90 5. Februar 1813 – an den Historiker C. L. v. Woltmann (1770 - 1817) in Prag, einstigen Jenenser Universitätslehrer, der zu den anhänglichen Verehrern gehörte.

91 DuW III, 13 – Mai/Juni 1813 – E: 1814.

92 Teplitz, 24. Juli 1813 – an Josephine Gräfin O'Donell, geb. Gräfin Gaisruck (1779 - 1833), Hofdame der Kaiserin Maria Ludovica von Österreich – auf Madame de Staëls ›De l'Allemagne‹ bezüglich.

93 DuW, Entwürfe zum 15. Buch – etwa September 1813.

94 DuW III, 15 – etwa September/Oktober 1813 – E: 1814.

95 Paralipomenon Nr. 136 in WA I, Bd. 53, S. 424.

96 MuR 160 – E: 1821, KuA, III, I

97 26. Oktober 1813, zu Riemer. Aus dem ›Resultat einer Unterhaltung Goethes mit Fürst Metternich‹ (siehe zu Nr. 125).

98 4. November 1813 – an Wilhelm von Humboldt, ins Feld – über den zur Zeit der Leipziger Schlacht entstandenen ›Epilog zum ‚Essex'‹, einem Trauerspiel von J. G. Dyck (1750 - 1813) nach John Banks (17. Jahrh.)

99 13. November 1813 – an Knebel nach Jena. Geschäftsmänner: Beamte.

100 24. November 1813, zu Riemer.

101 24. November 1813 – an Knebel nach Jena.

102 27. November 1813 – an Johann Friedrich John (1782 - 1847), Universitätslehrer der Chemie in Berlin.

103 (Anfang Dezember 1813) – Konzept eines vermutlich nicht abgesandten Briefs, wahrscheinlich an die Schriftstellerin Caroline Freiin de la Motte Fouqué, geb. v. Briest (1773 - 1831) auf

Nennhausen bei Rathenow, die Gattin des Dichters Friedrich de la Motte Fouqué.

104 13. Dezember 1813, zu Heinrich Luden, der ihn zur Mitarbeit an seiner neuen politischen Zeitschrift ›Nemesis‹ einladen wollte.

105 5. Januar 1814, zu Riemer, ›bei Gelegenheit der Zeitschrift ‚Nemesis‘ und des Unwillens, den jemand [die Erbgroßherzogin Maria Paulowna] bei diesem Titel geäußert‹.

106 ZX, IX, 838/841 – 3. Februar 1814 – Nachlaß – gelegentlich des nach 1813 entstandenen Meinungsstreites über Herkunft und Schreibung des Namens ›deutsch‹.

107 MuR 80 – E: 1821, KuA, III, I – ähnlich an Cotta, 7. Februar 1814.

108 7. Februar 1814 – an die Freundin Sara v. Grotthuß, geb. Meyer († 1828) in Dresden.

109 14. Februar 1814 – an Franz Bernhard v. Bucholtz aus Münster i. W. (1790 - 1838), Beamten und Publizisten in österreichischem Dienst, nachmals Herausgeber der von Metternich begründeten Wiener ›Jahrbücher der Literatur‹; er hatte im Herbst 1812 Goethe besucht und nun von Frankfurt aus, mit begleitendem Brief, eine patriotische Schrift übersandt.

110 14. Februar 1814 – an den Freund Sulpiz Boisserée (1783 - 1854), den Sammler und Historiker altdeutscher Kunst, nach Heidelberg – mit Beziehung auf die Maler Cornelius und Overbeck – ähnlich an Christian Heinrich Schlosser, 26. September 1813.

111 17. Februar 1814 – an Sara v. Grotthuß, geb. Meyer in Dresden – Staël: vgl. zu Nr. 57 und zu Nr. 92.

112 22. Februar 1814 – an Ludwig Achim v. Arnim (1781 - 1831), den romantischen Dichter, Gatten Bettinens, nach Berlin; erster Brief seit dem Zerwürfnis von 1811.

113 12. März 1814 – Entwurf eines Briefs an den Herausgeber der Jenaischen ›Allgemeinen Literatur-Zeitung‹, H. C. A. Eichstädt (1772 - 1848); mit Beziehung auf die Schrift ›Frankreichs Sprach- und Geistes-Tyrannei über Europa . . .‹, von dem Sprachforscher Joh. Georg Radlof (1775 bis nach 1825).

114 März 1814 – aus dem Konzept eines Briefs an J. G. Radlof;

in die Reinschrift nicht aufgenommen – Land Gosen: 2 Moses 9, 25f.: ›Und der Hagel schlug in ganz Ägyptenland alles, was auf dem Felde war ... Ohne allein im Lande Gosen, da die Kinder Israel waren, da hagelte es nicht.‹ Von Goethe häufig zitiert. – gedruckt: gedrückt.

115 20. März 1814 – an J. G. Radlof nach München.

116 Berka a. d. Ilm, 15. Mai 1814 – Arthur Schopenhauer (1788 - 1860): Über den Willen in der Natur, Abschnitt ›Physiologie und Pathologie‹, 1836.

117 West-östlicher Divan, Buch des Unmuts, ›Als wenn das auf Namen ruhte ...‹, V. 17/28 – 27. Juli (auf der Fahrt zwischen Fulda und Hanau) und 23. Dezember 1814 – die Zeilen 17 bis 20 lauteten ursprünglich: ›Und das Morgenblatt es kann sich / Mit Freimüthigem vereinen / Und die Elegante dann sich / Allenfalls die beste scheinen.‹ Siehe auch zu Nr. 65 und zu Nr. 106.

118 ZX, IX, 814/825 – Nachlaß – Cottas ›Morgenblatt‹ erörterte im Herbst 1814 Vorschläge zu Errichtung eines Siegesdenkmals auf dem Schlachtfeld von Leipzig.

119 Des Epimenides Erwachen, V. 955/974, Schlußchor – Januar 1815 – E: 1815 – Goethe hatte das Festspiel im Frühjahr 1814 auf Bitten des Intendanten Iffland für die Sieges- und Friedensfeier verfaßt, mit der auf dem Berliner Hoftheater die Rückkehr der verbündeten Monarchen begangen werden sollte. Die Aufführung verzögerte sich, nach Ifflands Tode, unter Umständen, die den Dichter kränken mußten. Darauf beziehen sich seine Verse ›... Epimenides, denk ich, wird in Berlin / Zu spät zu früh erwachen. / Ich war von reinem Gefühl durchdrungen; / Bald schein ich ein schmeichelnder Lober: / Ich habe der Deutschen Juni gesungen, / Das hält nicht bis in Oktober.‹ Und wohl auch diese: ›... Begeistrung ist keine Heringsware, / Die man einpökelt auf einige Jahre.‹ Der Schlußchor ist erst spät geschrieben worden, ›damit man wenigstens‹ diesen Strophen ›die Frischheit des Augenblicks anmerkte‹; als aber die Aufführung endlich, in Abwesenheit des Hofes, stattfand, am 30. März 1815, hatte eben, nach Napoleons Wiederkunft, der Krieg aufs neue begonnen. Siehe auch zu Nr. 131.

120 23. - 25. Januar 1815 – an C. F. W. Jacobs (1764 - 1847),

Altertumsforscher in Gotha – zu dessen Schrift ›Über die Bildsäule der schlafenden Ariadne, sonst Cleopatra genannt‹. Wiederherstellung: nach dem Ende der Herrschaft Napoleons.

121 MuR 1408 – Nachlaß.

121a Gedichte, Sprichwörtlich. V. 301/304 – E: 1815.

122 31. März 1815 – an v. Woltmann in Prag.

123 Aufsatz ›Don Ciccio‹ – seit Ende März 1815 – E: ›Morgenblatt‹ Mai 1815.

124 Aufsatz ›Über die Entstehung des Festspiels zu Ifflands Andenken‹ – Mai 1815 – E: ›Morgenblatt‹ März 1816.

125 12. Mai 1815 – zu Friedrich v. Müller. Bezieht sich auf die Achts-Erklärung, welche die beim Wiener Kongreß versammelten Staatsmänner am 13. März gegen den aus Elba zu neuem Kampf angetretenen Napoleon ausgesprochen hatten; sie war entworfen von Friedrich v. Gentz (1764 - 1832), dem nächsten Mitarbeiter des führenden österreichischen Staatsmannes Cl. W. Fürst Metternich (1773 - 1859).

126 und 126a gehören so auch schon in der Handschrift zusammen: ZX, IX, 860/865 und Lesarten der WA – Nachlaß.

127 MuR 75 – E: 1821, KuA, III, 1.

128 Heidelberg, 20. September 1815, im Gespräch mit Sulpiz Boisserée und dem Universitätslehrer (Juristen) Justus Thibaut (1772 - 1840), welcher ›bekennt‹, er habe im vorigen Jahr ›Unrecht gehabt in Verteidigung des [patriotischen Eiferers] Görres‹ (1776 - 1848) – laut Boisserées Tagebuch. – Arnulphus: wohl A., Bischof von Metz (7. Jh.), Stammvater der Karolinger.

129 21. Dezember 1815 – an Boisserée nach Heidelberg.

130 ZX, II, 517/524 – E: 1821, KuA, III, 2.

131 ZX, IX, 870/877 – Nachlaß – Konrad Burdach deutet die Strophe als gegen Friedrich Wilhelm III. von Preußen gerichtet, ›der, ohne die alten Rechtsansprüche der Ernestinischen sächsisch-thüringischen Linie zu berücksichtigen, beträchtliche Stücke des Königreichs Sachsen auf dem Wiener Kongreß seinem Lande gewann.‹ Siehe zu Nr. 119.

132 zu Falk (siehe zu Nr. 66), bei einem Gespräch, das noch während Goethes Theaterleitung geführt worden sein müßte (d. h. vor April 1817); nähere Datierung lassen die zahlreichen

Widersprüche nicht zu, die den Bericht überhaupt verdächtig machen.

133 12. Februar 1816 – an Eichstädt, über ein für das Intelligenz-(Anzeigen-)Blatt der Jenaischen ›Allgemeinen Literatur-Zeitung‹ eingesandtes ›Avertissement‹.

134 26. März 1816 – an Zelter nach Berlin – Ernte: aus der Sommerreise 1815, dargestellt in ›Kunst und Alterthum am Rhein und Main‹.

135, 136, 137 14. April 1816 – an Zelter nach Berlin – mit Beziehung auf den preußischen Staatsrat Christoph Friedr. Ludw. Schultz (1781 - 1834), der an Goethes von Fachgelehrten und Öffentlichkeit übergangenen ›Farbenlehre‹ tätigen Anteil nahm; – mit Bezug auf die Farbenlehre; Mitarbeiter: Thomas Seebeck (1770 - 1831), Physiker in Nürnberg (von 1802 bis 1810 in Jena), hatte für seine Entdeckung der entoptischen Farben vom Institut de France (zusammen mit Brewster) den Preis des Jahres 1816 erhalten.

138 ZX, IX, 826/835 – 21. Mai 1816 – Nachlaß. Helena: St. Helena, Pazifik-Insel, Napoleons letztes Exil; Kontinental-System: zur Blockade Englands den europäischen Staaten von Napoleon (1806) auferlegt.

139 19. Juni 1816, zu Wilhelm Grimm (1786 - 1859), dem Sprachforscher – laut dessen Brief an Achim von Arnim, 2. - 4. Juli 1816.

140 Bad Tennstädt, 9. August 1816 – an Zelter nach Berlin.

141 Bad Tennstädt, 28. August 1816 – an Zelter nach Berlin.

142 MuR 1013 – Nachlaß.

143 27. September 1816 – an Boisserée nach Heidelberg.

144 Oktober 1816? – an Christian Gottlob v. Voigt (1743 - 1819), den weimarischen Minister-Kollegen und Freund.

145 7. November 1816 – an Zelter nach Berlin.

146 Schluß des Aufsatzes ›Neu-deutsche religios-patriotische Kunst‹ – Ende 1816 – E: 1817, KuA, I, 2 – diese Verlautbarung der W(eimarischen) K(unst-) F(reunde) gegen die jüngere Romantik war in der Hauptsache von Joh. Heinr. Meyer (siehe zu Nr. 153) formuliert.

147 MuR 976 – 10. Januar 1817 – Nachlaß.

148 12. Februar 1817 – an Knebel nach Jena.

149 18. März 1817 – an C. F. E. Frommann (1765 - 1837), den befreundeten Jenaer Buchdrucker.

150 ZX, II, 559/562 – E: 1821, KuA, III, 2 – Vgl. zu F. v. Müller, 22. Januar 1821.

151 MuR 311 – E: 1826, KuA, V, 3.

152 Jena, 28. März 1817 – an Sergej Semenowitsch (Grafen) Uwarow (1786 - 1855), russischen Geh. Staatsrat, nachmals Präsident der Petersburger Akademie der Wissenschaften und Unterrichtsminister; U. hatte sein Verfahren empfohlen: wissenschaftliche Schriften jeweils in der Sprache abzufassen, die dem Gegenstand am gemäßesten sei (vergl. Goethes Aufsatz ›Urteilsworte französischer Kritiker‹).

153 Jena, 24. April 1817 – an den Maler und Kunsthistoriker Johann Heinrich Meyer aus Zürich (1760 - 1832) den ›ältesten römischen Freund‹, seit Ende 1791 in Weimar, bis 1802 Goethes Hausgenosse.

154 Jena, 27. Mai 1817 – an Boisserée nach Heidelberg; bei Übersendung des Zweiten Heftes ›Ueber Kunst und Alterthum‹, mit J. H. Meyers oben (zu Nr. 146) genanntem Beitrag, welcher unter den Betroffenen, aber auch bei Boisserée, heftigen Widerspruch erregte.

155 Jena, 7. Juni 1817 – Entwurf eines (nicht abgesandten) Briefes an den Historiker Barthold Georg Niebuhr (1776 - 1831, vgl. zu Nr. 81), der seit 1816 außerordentlicher Gesandter Preußens bei der Kurie in Rom war.

156 Aufsatz ›Deutsche Sprache‹ – etwa Oktober 1817 – E: 1817, KuA, I, 3.

157 Notiz zu einer Fortsetzung des Aufsatzes ›Deutsche Sprache‹ – Jena, 18. Februar 1818.

158 Aufsatz ›Zur Chromatik‹. (Nachträge zur Farbenlehre), Abschnitt ›Ältere Einleitung‹ – etwa 1817/1820 – E: 1822.

159 West-östlicher Divan, Buch des Unmuts (Nachlaß) – Jena, 19. März 1818.

160 Gedichte, Epigrammatisch – Jena, 11. April 1818 – E: 1827 – in das Stammbuch F. W. Carovés aus Koblenz (1789 - 1852), eines der Führer der burschenschaftlichen Studenten beim

Wartburgfest vom 18. Oktober 1817. – Die ersten beiden Zeilen
Zitat aus einem Gedicht von F. R. L. Frh. v. Canitz (1654 - 1699).
161 (Jena) 18. Mai 1818 – an Uwarow nach St. Petersburg, mit
Bezug auf den zu Nr. 152 genannten Aufsatz (KuA, I, 3).
162 und 163 ZX, II, 350/355 und 380/387 – E: 1821, KuA, III, 2.
164 und 164a MuR 974 und 973 – Nachlaß. 164a fast wörtlich
ebenso zu Riemer, Jena, 24. August 1809.
165 ZX, II, 388/391 – Karlsbad, 6. September 1818 – in der Nähe
von Metternich und Gentz – E: 1821, KuA, III, 2.
166 17. Februar 1819 – an Chr. Gottfr. D. Nees v. Esenbeck (1776 -
1858), Professor der Botanik an der Universität Bonn; welcher den
Vorschlag entwickelt hatte, die deutschen wissenschaftlichen
Vereine zu einer ›Gesamt-Akademie‹ zusammenzuschließen.
167 20. Februar 1819 – an Cotta nach Stuttgart – mit der Ab-
lehnung des Vorschlags: im ›Morgenblatt‹ einzelne Gedichte
aus dem ›West-östlichen Divan‹ noch vor dem Erscheinen des
Ganzen abzudrucken.
168 10. April 1819 – an Adolph Oswald Blumenthal, Studenten
der Rechte in Breslau, der, angeregt durch einen Hinweis Goethes, an einer Sammlung ›deutscher Dichter in der lateinischen
Sprache‹ arbeitete.
169 28. Mai 1819 – an denselben.
170 7. Oktober 1819 – an den Kammerherrn August Claus von
Preen († 1822), welcher für den mecklenburgischen ›Ausschuß
der Ritter- und Landschaft‹ mit Goethe über das Denkmal
korrespondierte, das dem Feldmarschall Fürst Blücher noch
bei Lebzeiten in Rostock errichtet wurde; Joh. Gottfr. Schadow
schuf das Standbild, Goethe verfaßte die Inschrift.
171 und 172 10. Oktober 1819 – an die Lesegesellschaft in Mainz
– das Zeugnis: die von der Gesellschaft veranstaltete Feier zu
Goethes siebzigstem Geburtstag.
173 ›Tag- und Jahreshefte‹ 1816 – 1819/25 – E: 1830. – Pfaff:
Christoph Heinrich P. (1773 - 1852), seit 1798 Professor der
Physik, später auch der Chemie an der Universität Kiel; Werk:
Über Newtons Farbentheorie.
174 Aufsatz ›Der Pfingstmontag‹ (Nachtrag) – etwa 1820 – E:
1821, KuA, III, 1.

175 Jena, 14. Juni 1820 – an Joh. Lamb. Büchler (1785 - 1822), badischen Legationsrat beim Bundestag in Frankfurt am Main, Sekretar der neu begründeten ›Gesellschaft für ältere deutsche Geschichtskunde‹ – Dankschreiben nach der Ernennung zu deren Ehrenmitgliede.

176 Aufsatz ›Byrons Don Juan‹ – 1819/November 1820 – E: 1821, KuA, III, 1.

177 Jena, 25. September 1820 – an Carl Friedr. Anton v. Conta (1778 - 1850), Legationsrat, später Vizepräsident und Präsident der Landesdirektion in Weimar – auf dessen Bericht über die verständnisvolle Aufnahme der ›Urworte. Orphisch‹ in einem Weimarer geselligen Zirkel, und zumal bei den Frauen.

178 ZX, V, 1543/1548 – um 1822 – E: 1827 – die Verse beziehen sich auf die Fälschung ›Wilhelm Meisters Wanderjahre‹, deren erster Band gleichzeitig mit Goethes Werk, 1821, erschienen war; als Verfasser galt der protestantische Prediger F. W. Pustkuchen in Lieme bei Lemgo.

179 MuR 169 – E: 1823, KuA, IV, 2.

180 ›Tag- und Jahreshefte‹ 1818 – ca. 1823 – E: 1830 – mit Bezug auf das Erscheinen des ›West-östlichen Divans‹.

181 ›Tag- und Jahreshefte‹ 1821 – 1823/24 – E: 1830. – Hügel: Clemens Wenzel v. H. (1792 - 1849), Diplomat und Schriftsteller.

182 ›Tag- und Jahreshefte‹ 1795 – etwa 1820/23 – E: 1830 – ›Lichtenbergs Hogarth‹: Georg Christoph L. (1742 - 1799), Ausführliche Erklärung der Hogarthischen Kupferstiche (1794 ff.).

183 ›Tag- und Jahreshefte‹, Abschnitt ›Bis 1786‹ – etwa 1820/23 – E: 1830 – über sein Singspiel ›Scherz, List und Rache‹.

184 30. März 1824, zu Johann Peter Eckermann (1792 - 1854), seit 1823 in Goethes Umgebung – Platen: August Graf von P.-Hallermünde (1796-1835); mit Bezug auf dessen ›Schauspiele‹ (1824).

185 Aufzeichnungen aus dem Nachlaß, von Eckermann zusammengestellt als ›Ein Wort für junge Dichter‹ – etwa 1824.

186 14. April 1824, zu Eckermann.

187 MuR 872 – August 1824 – Nachlaß.

188 (7. Oktober 1824) – an den Frankfurter Jugendfreund

Friedrich Maximilian v. Klinger (1752 - 1831), den Dichter des Dramas ›Sturm und Drang‹, nun Kaiserlich russischer Generalleutnant in Petersburg; er hatte sich öffentlich gegen die Schmähschrift ›Göthe als Mensch und Schriftsteller‹ von Glover-Köchy (1823) erklärt.

189 24. November 1824, zu Eckermann.

190 MuR 977 – April 1825 – Nachlaß.

191 MuR 363 – E: 1826, KuA, V, 3.

192 16. November 1825 – an den Schriftsteller Franz v. Elsholtz (1791 - 1872) in München, nachmals Intendant des Gothaer Hoftheaters; der bei Abfassung eines Lustspiels Goethes Rat erbeten hatte und empfing.

193 und 194 MuR 340 und 288 – E: 1826, KuA, V, 3.

195 12. Mai 1826 – an Graf Reinhard nach Frankfurt am Main – über die Pariser Zeitschrift ›Le Globe‹ (vgl. zu Nr. 203 und zu Nr. 213).

196 15. September 1826, zu Hermann L. H. Fürsten Pückler-Muskau (1785 - 1871), dem namhaften Reisebeschreiber – gedruckt ›Briefe eines Verstorbenen‹ III, 1831.

197 4. Januar 1827, zu Eckermann.

198 Rezension ›Le Tasse, drame historique par M. Alexander Duval‹ – Januar 1827 – E: 1827, KuA, VI, I.

199 25. Januar 1827, zu Eckermann.

200 27. Januar 1827 – an den Übersetzer Ad. F. C. Streckfuß (1778 - 1844), Geh. Oberregierungsrat in Berlin.

201 31. Januar 1827, zu Eckermann; über Poesie als ›Gemeingut der Menschheit.‹

202 Aufsatz ›Stoff und Gehalt, zur Bearbeitung vorgeschlagen‹ – Februar/März 1827 – E: 1827, KuA, VI, 1.

203 3. Mai 1827, zu Eckermann – angeregt durch den Besuch J. J. Ampères (1800 - 1864), Kritiker an der Pariser Zeitschrift ›Le Globe‹; man war in Weimar erstaunt darüber, daß A. und seine Kollegen, deren reifes Urteil Goethe hoch schätzte, so jung waren. – Humboldt: Alexander v. H. (1769 - 1859), der weltreisende große Naturforscher: Béranger: Pierre B. (1780 - 1857), seit 1815 ruhmreich durch seine ›Chansons‹; Burns: Robert B. (1759 - 1796), schottischer Lyriker.

204 6. Mai 1827, zu Eckermann.

205 nach 1824, vielleicht am 20. Juni 1827, zu dem russischen Diplomaten und Reisenden Alexander Gregorewitsch Grafen Stroganoff († 1857) – die Quelle dieses Gesprächs ist unbekannt, seine Glaubwürdigkeit vielfach fraglich.

206 9. Juli 1827, zu Eckermann – mit Beziehung auf ein Gesetz, das in Frankreich die Preßfreiheit einschränkte.

207 20. Juli 1827 – an Thomas Carlyle (1795 - 1881) nach Edinburgh, der seine Biographie Schillers und ›German Romance‹ (einführende Übersetzungen deutscher Dichter) übersandt hatte.

208 13. (?) August 1827 – an Nees v. Esenbeck in Bonn.

209 14. August 1827 – an Streckfuß nach Berlin; mit Bezug auf jüngste italienische Dichtung.

210 1. September 1827 – an Zelter nach Berlin.

211 6. September 1827 - an Eduard Joseph d'Alton (1772 - 1840), Zeichner und Anatomen in Berlin.

212 25. September 1827 – an Boisserée nach Stuttgart.

213 Anfang November 1827 – Entwurf eines Briefes an C. A. Varnhagen v. Ense (1785 - 1858), den Berliner Schriftsteller, der mit seiner Gattin Rahel, geb. Levin zu Goethes entschiedensten Verehrern gehörte – ›Globe‹: siehe zu Nr. 203. – Vaudevilliste: Verfasser von Vaudevilles, Possen mit Gesang.

214 8. November 1827 – an denselben, nach Berlin.

215 Baccalaureus im ›Faust‹, Zweiter Teil, zweiter Akt, V. 6771 – etwa Ende 1827 – Nachlaß.

216 4. Dezember 1827 – an Zelter nach Berlin. – Bakis: den mythischen böotischen Seher hatte Goethe, in Distichen-Form, ›Weissagungen‹ verkünden lassen (erschienen 1800), die mit vieldeutig-geheimnisvollen Worten allgemein sittliche Wahrheiten aussprachen.

217 29. Dezember 1827 – an Riemer in Weimar.

218 der junge Beamte in WMW, zweite Fassung, I, 7 – 1827 ff. – E: 1829.

219 und 220 MuR 767 und 764 – 1827 ff. – E: WMW 1829.

221 12. März 1828, zu Eckermann.

222 und 223 2. April 1828 – an Nees v. Esenbeck in Bonn.

224 Aufsatz ›Französisches Schauspiel in Berlin‹ – etwa Mai 1828 – E: 1828, KuA, VI, 2. – mit Beziehung auf geringschätzige Urteile über Molière.

225 15. Juni 1828 – an Thomas Carlyle nach Craigenputtoch/ Dumfries, Schottland – bezüglich auf die Übersetzung von Schillers ›Wallenstein‹ ins Englische (durch George Moir).

226 Dornburg, 27. Juli 1828 – an Zelter nach Berlin; gemeint sind hier A. W. v. Schlegels Äußerungen über Molière.

227 3. Oktober 1828, zu Eckermann.

228 23. Oktober 1828, zu Eckermann – Dupin: Baron Charles D. (1784 - 1873), Geometer, Sozialökonom, Politiker; Karte: Carte de la France éclairée et de la France obscure, 1826.

229 16. Dezember 1828, zu Eckermann – anläßlich von Versuchen, Goethes und Schillers Anteile an den ›Xenien‹ zu sondern.

230 12. Februar 1829, zu Eckermann.

231 6. April 1829, zu Eckermann – über François P. G. Guizots (1787 - 1874), des französischen Geschichtsschreibers und Staatsmanns, historische Vorlesungen an der Pariser Sorbonne.

232 1. September 1829, zu Eckermann.

233 11. November 1829 – an Jul. Ed. Hitzig (1780 - 1849), den Berliner Kriminaldirektor und Schriftsteller; er hatte im Namen der von ihm begründeten ›Gesellschaft für ausländische schöne Literatur‹ gemeinsam mit Streckfuß (siehe zu Nr. 200) Goethe zum achtzigsten Geburtstage beglückwünscht.

234 Vorwort zur deutschen Ausgabe von Thomas Carlyles ›Leben Schillers‹ – März/April 1830 – E: August 1830.

235 DuW IV, 19 – etwa 1831 – Nachlaß.

236 22. März 1831, zu Eckermann – voraus geht: ›Goethe las mir zum Nachtisch Stellen aus einem Briefe eines jungen Freundes aus Rom [Felix Mendelssohn-Bartholdy]. Einige deutsche Künstler erscheinen darin mit langen Haaren, Schnurrbärten, übergeklappten Hemdkragen auf altdeutschen Röcken, Tabakspfeifen und Bullenbeißern. Der großen Meister wegen und um etwas zu lernen scheinen sie nicht nach Rom gekommen zu sein. Raphael dünkt ihnen schwach und Tizian bloß ein guter Kolorist.‹ – Niebuhr: hatte in der Vorrede zu seiner ›Römischen Geschichte‹ (zweiter Teil, zweite Ausgabe), vom

5. Oktober 1830, unter dem Eindruck der Pariser Juli-Revolution, ein Zeitalter der ›Verwilderung‹ vorausgesagt, eine ›Zerstörung, wie die römische Welt sie um die Mitte des dritten Jahrhunderts unsrer Zeitrechnung erfuhr ... Vernichtung des Wohlstands, der Freiheit, der Bildung, der Wissenschaft ...‹

237 30. März 1831, zu Eckermann – mit Bezug auf ›Dichtung und Wahrheit‹; ›geht ... vorüber ...‹: Anspielung auf Hiob 9, 11.

238 Aufsatz ›Principes de Philosophie Zoologique‹ – zu der gleichnamigen Polemik Geoffroy Saint-Hilaires (1772 - 1844) gegen Cuvier (1769 - 1832) in der Pariser Akademie der Wissenschaften, Februar/März 1830 – Dezember 1831/Februar 1832 – E: März 1832.

239 MuR 975 – Entstehungszeit nicht zu bestimmen – Nachlaß.

Register

I. Namen

Verzeichnet sind sämtliche im Text und in den Quellen-Hinweisen vorkommenden Personen-Namen, außer denen der Mythologie und der Dichtung; auch solche, die der Text nicht namentlich, sondern nur mittelbar erwähnt; ferner Völker-, Länder- und Orts-Namen, jedoch nur, wenn sie im Text selbst erscheinen; schließlich auch die Namen von Zeitungen und Zeitschriften.

Die Ziffern bezeichnen die Nummern-Folge, nicht die Seitenzahlen. – Dabei deuten Ziffern in gerader Schrift auf den Text-Teil (direkte oder mittelbare Erwähnung bei Goethe), schräge Ziffern auf die Quellen-Hinweise (Adressaten der Briefe, Partner von Gesprächen). Bei Namen, die durch den Herausgeber zusätzlich in die Erläuterungen eingeführt wurden, ist der Schrägziffer ein H (Hinweise) vorangestellt.

102

II. Goethes Werke

Gerade Ziffern: Erwähnung im Text – Schräge Ziffern: Quellen-
Angabe in den Hinweisen – H vor Schrägziffern: nur im Zusammenhang der Erläuterung.

I.

Unter der Überschrift ›Goethe über die Deutschen‹ ging zu Ende des Jahres 1945 durch die noch neuen deutschen Zeitungen ein Ausspruch zorniger Verachtung, der in den Worten gipfelte: »daß sie sich jedem verzückten Schurken gläubig hingeben, der ihr Niedrigstes aufruft, sie in ihren Lastern bestärkt und sie lehrt, Nationalität als Isolierung und Roheit zu begreifen...« Einige Monate später erschien dieser Ausspruch aufs neue, diesmal in verschiedenen Zeitschriften; ja beim Großen Prozeß von Nürnberg verflocht einer der Ankläger ihn, als das belastende Gutachten gleichsam eines Sachverständigen, in seine Rede.

Bei der zweiten Ausgabe, in den Zeitschriften, trug, mit Rücksicht, scheint es, auf den serioseren Charakter dieser Blätter, das Zitat einen Herkunfts-Vermerk: ›Aus Riemers Mitteilungen über Goethe‹, der mit dem Zusatz ›Insel-Ausgabe‹ den Eindruck der Glaubwürdigkeit offenbar besiegeln sollte.

Kenner konnten sich freilich nicht entsinnen, hier oder sonst in Goethes Werk, in den Sammlungen seiner Lebens-Zeugnisse die Äußerung je gelesen zu haben; auch schien die Verbindung der Ausdrücke ›verzückt‹ und ›Schurke‹ ihnen weder zu des Dichters Sprachgebrauch zu stimmen, noch seiner Zeit und Umwelt gemäß zu sein; in der es, selbst unter den von ihm als schädlich, als unheilvoll Erkannten und Bekämpften, niemand gegeben hatte, auf den solche Worte in Zusammenhang mit dem ganzen deutschen Volk wären anwendbar gewesen. Wer in der Lage war, das zitierte Buch nachzuschlagen, suchte denn auch vergeblich. Einige wenige aber, welche während des Krieges, aus heimlich zirkulierenden Exemplaren, mit dem Roman ›Lotte in Weimar‹ von Thomas Mann bekannt geworden waren, erinnerten sich nun, dort, und mit ingrimmigem Beifall, dieser Rede begegnet zu sein. Eben die Wendung vom ›verzückten Schurken‹ war ihnen besonders haften geblieben: denn an dieser einzigen Stelle wird das kunstreiche Gewebe, das in des Buches letzten Kapiteln, mit einem so sicher wie kühn geworfenen Einschlag von Assoziationen, angezettelt ist aus wirklichen Worten und Gedanken, Eindrücken und Einfällen Goethes – eben an dieser Stelle wird es durchbrochen: hier richtet der Autor, von selbstbereiteter Senne, einen eigenen Pfeil gegen das verhärtete Herz seiner Nation.

Der unbekannte Verbreiter des Ausspruchs hat also eine Fälschung begangen; eine Fälschung immerhin von seltener Art: denn indem sie unter dem größten deutschen Namen Worte des gerühmtesten unserer lebenden Schriftsteller mißbraucht, verletzt sie die Hoheitsrechte gleich zweier Geister.

Dies wurde nun langsam ruchbar; jedoch bei weitem nicht in dem Maße wie die Fälschung selbst. Und so kommt es, bei dem anhaltenden Mangel einer Verbindung zwischen den Besatzungs-Zonen, daß die vorgeblichen Goethe-Worte immer wieder einmal neu entdeckt und gedruckt werden. Wir glauben indessen nicht, daß diese Fälschung, gleich so mancher anderen, Aussicht darauf habe, als Apokryphe fortzudauern: das Material liegt allzu deutlich am Tage, und ihr Substrat ist, auch in dieser Hinsicht, ›unrecht‹ Gut; denn den Worten eines Thomas Mann gebricht es so durchaus an der massiven Dummheit, dem pausbäckigen Pathos, dem verquollenen Sentiment und jenem Schuß Kolportage, aus denen Legenden solcher Art ihre Lebenskräfte ziehen.

Die Beweggründe des Täters sind so wenig gewiß wie die Richtung, in der man ihn zu suchen hätte. Ein Freund der Wahrheit ist dieser unbekannte Deutsche jedenfalls nicht; so mag er Goethes echte Worte über die Anonymität, über das ›Falsum als ein heilig Mittel‹ und über die literarische Unredlichkeit der Deutschen auf sich anwenden!

Wir haben es für richtig gehalten, dies vorauszuschicken; weil es gewissermaßen zur Vorgeschichte des gegenwärtigen Unternehmens gehört. Denn nach jenem Vorgang schien es angezeigt, alles das, was Goethe denn nun wirklich über die Deutschen gesagt hat, nicht erst im Zusammenhang einer geplanten größeren Sammlung darzubieten, sondern, als ein kleines Ganzes, schon heute und hier.

II.

Es ist, soweit wir wissen, zum ersten Male, daß diese Äußerungen in einem Umfang versammelt werden, der vollständig genannt werden darf. Innerlich vollständig, wie sogleich hinzugesetzt sei. Denn es wird hier nun nicht etwa buchstäblich jede einzelne Erwähnung der Deutschen oder des Deutschtums bei Goethe aufgeführt, wohl aber alles, was irgend wichtig ist oder, in gewissem Betracht, wichtig erscheinen könnte. Und hierzu gehört es dann allerdings auch, daß manche Wahrnehmungen und Gedanken, zuweilen bis in den Wortlaut hinein, wiederkehren; gerade solche Wiederholungen bezeichnen die eigentlich problematischen Punkte.

Die Äußerungen erscheinen in zeitlicher Folge; der einzigen, die einen unbefangenen Überblick erlaubt. Nur so läßt sich etwa bemerken, daß das früheste uns überlieferte Urteil Goethes über die Deutschen – auch dieses noch nicht schriftlich niedergelegt – aus seinem dreißigsten Jahre stammt; läßt sich feststellen, wie zwischen langen Pausen sein Anteil an den deutschen Dingen drei Mal kulminiert: zur Zeit des frischen Zusammenwirkens mit Schiller, während der Napoleonischen Herrschaft und ihrer nächsten Folgejahre, und nach 1827, ausgehend von einem umfassenden Studium neuerer französischer Literatur; läßt sich erkennen, wie die Betrachtung vom Ästhetischen allmählich ins nationalpolitisch-Ethische sich erweitert und schließlich mündet ins Kosmopolitische und Soziale – eine Entwickelung, für welche das Verhältnis zu Frankreich den deutlichsten Gradmesser abgibt.

Die Texte werden jedoch ohne Datierung oder sonstige Zusätze dargeboten; die Daten der Briefe und Gespräche, die Entstehungs- und Erscheinens-Zeiten der Schriften, aus denen zitiert wird, finden sich nummernweise in dem folgenden Anhang aufgereiht.

Goethe wirft den Deutschen immer wieder vor, sie wüßten nicht aufzunehmen, nicht, was ihnen geboten wird, mit Verständnis und gutem Willen zu ergänzen. Solchem Übelstande, wofern er heute noch andauern sollte, abzuhelfen, möchte gleichfalls der Anhang dienen; indem er auch Ortsangaben bietet, kurze Bemerkungen über die Adressaten der Briefe und die Teilnehmer der Gespräche, sowie Hinweise auf die Anlässe und Zusammenhänge. Denn allerdings bedürfen Goethes Worte, wie sie hier, scheinbar gleichberechtigt, nebeneinander stehen, mannigfacher Ergänzung; sie haben keineswegs alle gleiches Gewicht.

Zunächst scheiden sie sich in die zwei großen Gruppen: des unmittelbar von Goethe selbst Geschriebenen und Diktierten, und des mündlich Geäußerten, das bloß im Medium des Hörers oder gar eines Dritten auf uns gekommen ist.

Innerhalb dieser Gruppen aber sind wiederum die Unterschiede bedeutend: Da ragen etwa unter den Gesprächs-Partnern die Getreuen des beständigen Umgangs, die Haus- und Tischgenossen hervor. Von ihnen gilt das ›Divan‹-Wort über die Jünger des Herrn: »Sie aber hattens gut gefühlt / Und jeder schrieb, so Schritt vor Schritt / Wie ers in seinem Sinn behielt / Verschieden. Es hat nichts zu bedeuten: / Sie hatten nicht gleiche Fähigkeiten.« Während, was der pedantische Riemer als ›Apophthegmata‹ notiert – kurze einzelne Bemerkungen immer nur, frisch unter dem Eindruck des Gehörten – für nahezu authentisch gelten kann, dürfen wir von Eckermanns so umfang- wie inhaltsreichen ›Gesprächen‹ weniger die Echtheit des einzelnen Ausdrucks erwarten als die des Tonfalls, des Sinnes, der Stimmung, wie eine wunderbare Fähigkeit der Aneignung und der Wiedergabe sie, aus oft nur stichwortartigen Niederschriften mitunter erst nach Jahr und Tage kunstvoll komponierend, zum überzeugenden Ganzen zu bilden vermochte.

Anders wieder die nur gelegentlichen Besucher: welche Abweichungen der Temperamente, welch unterschiedliche Zuverlässigkeit des Charakters wie des Gedächtnisses, welcher Zeitabstand oft zwischen Erlebnis und Aufzeichnung!

Erst recht aber die ›ipsissima verba‹ Goethes bilden eine Skala aus zahlreichen Stufen:

Vom wohlerwogenen und -abgetönten, zum Druck bestimmten Prosa-Wort des Schriftstellers, der sich vor der

Nation, vor der Welt verantwortlich weiß, bis zu den halblauten Stoßseufzern, dem grimmigen Unmutsknurren in den ›Zahmen Xenien‹; von des Verwundeten Haß und Hohn, der mit ungefügen Knittelversen wie mit Fäusten dreinschlägt, bis zur ruhigen, aller Einmischung des Subjekts enthobenen Beobachtung des Forschers; vom frechen ›Schnippchen in der Tasche‹, dem sorglich in die ›Paralipomena‹ versenkten, bis zur kadenzierten Rede einer Roman-Figur; vom wohlwollenden Antwortschreiben an einen jugendlichen Frager bis zum offenen Bekenntnis gegen den gleichaltrigen ›Urfreund‹. Wobei die späten Briefe an Zelter wiederum eine ganz eigene Stellung behaupten: denn sie sind von vornherein zu posthumer Veröffentlichung bestimmt. Sie verfärben sich dadurch keineswegs ins Literarische; sie bleiben durchaus unbefangene, augenblicklich-frische Mitteilung; eben dadurch geeignet, auf scheinbarem Umweg sehr geradezu die Mitwelt und nächste Nachwelt zu treffen; als Mittel der Wirkung und Gegenwirkung höchst willkommen einem Autor, den Ruhm und Jahre zu gemessener Ausdrucksweise zu verbinden drohen. Diese Stundenblätter sind ein Seitenstück in Prosa zu dem poetischen Tagebuch der ›Zahmen Xenien‹ – ›läßliche‹ Altersformen und dabei von wahrhaft journalistischer Spann- und Schlagkraft.

Schließlich wirken auf die Äußerungen eines so unerhört reizempfänglichen und bestimmbaren Wesens neben der körperlichen Verfassung auch Jahreszeit, Wetter und der Ort mit seinem Klima, geistigem wie physischem, ein. »Sind wir ein Spiel von jedem Druck der Luft?« Wie häufig setzt Goethe selber in seinen Briefen einer heftigen Entladung einschränkend hinzu, er sei in hypochondrischer Laune, und die Dezembertage der ›Sonnenferne‹

konnten auf ihn drücken, daß er recht gut begriff, wenn
»Heinrich III. den Herzog von Guise erschießen ließ, bloß
weil es fatales Wetter war«. Rom ist nicht Weimar, die som-
merliche Reise gibt frischere Farben und Töne her als die
Enge der geheizten Arbeitsstube, und vor Jenenser patriotischen Professoren spricht es sich anders als im Karlsba-
der Umkreis der k. k. Hof- und Staatskanzlei.

III.

»Was aber«, so hören wir fragen, »ist denn nun erreicht,
wenn wir Goethes hier versammelte Äußerungen so viel-
fachen Bedingnissen unterwerfen? Ersetzt nicht ein
solches kritisch-psychologisches Verfahren jene schein-
bare Gleichartigkeit der Zitaten-Reihe bloß durch eine
andere, nur zu wirkliche? Derart, daß am Ende alles Kühle
ein wenig angewärmt und jede Glut herabgemildert wäre
zu einem unleidlich-leidlichen Mittelmaß?«
Wer dies im Ernst befürchten sollte, dem läßt die Form,
in der Goethes Äußerungen hier dargeboten sind, alle
Freiheit, mitschwingend den einzelnen Wallungen des
großen Naturells, und die Reize der Sprach-Prägung
kostend, bei dem bloßen Wortlaut zu verweilen.
Wir freilich legen diese Äußerungen hier vor als die über-
lieferten Zeugnisse dafür, wie Goethe über die Deutschen
geurteilt hat; als ein Material, sich hierüber ein eigenes
Urteil zu bilden. Das Urteil aber gedeiht nur in den ge-
mäßigten Temperaturen, vor denen jene gefühligen Frager sich scheuen.
Wenn sie übrigens meinen, mit ihrer Betrachtungsweise
dem Wesen Goethes näher zu sein und alles Zufällige hinter sich gelassen zu haben, so irren sie.

Denn was wäre, im ganzen, wohl zufälliger, als diese lükkenreiche Reihe von Zeugnissen, so wie sie hier steht, zusammengetragen aus den verstreuten Resten mündlicher, brieflicher Überlieferung und aus unterschiedlichen Stücken der Schriften und des dichterischen Werks? Was könnte, im einzelnen, stärker mit Akzidentien vermengt und durchtränkt sein als die vielen Geburten des Tags und der Stunde, die sich in dieser Reihe befinden? Die Substanz erblickt man nicht, wenn man vom Zufälligen ab-, sondern indem man durch es hindurchsieht. Man muß es mit allem Detail prüfend zur Kenntnis nehmen, ohne sich daran zu verlieren.

Wenn wir nun – durch knappe Daten, welche nur erinnern und hindeuten können – die Vielzahl der Äußerungen hineinzusetzen suchen in die Zusammenhänge, die Umgebung, in das Leben, woraus sie hervorgegangen sind, so wird sich, glauben wir, die scheinbar gleichartige Reihe doch zu einer Art Rangordnung gliedern; wo denn, ob auch einzelne reizvolle Schärfen und Spitzen minder hervorstechen mögen, nun erst, da alles auf eine gemeinsame Ebene bezogen ist, gewisse Gipfel sich zur vollen Bedeutung erheben werden.

Was etwa wäre dann wohl ernster zu nehmen, als das Ungestüm jener Zornesausbrüche, die Goethe, sonst jede öffentliche Äußerung euphemistisch zu dämpfen gewohnt, dennoch bei Lebzeiten laut werden ließ?

Und mag sich die Reihe der Zitate äußerlich nicht zu einem Ganzen zusammenschließen, so wird vielleicht doch eine höhere Einheit sichtbar werden, ein Gefüge von Worten, ein Zusammenhang von Beziehungen, worin die Teile, jeder nun an seinem Ort, einander sowohl bedingen wie erhellen.

Die an den Anfang gestellte Frage wird allerdings oft auch

gar nicht im Ernst erhoben, sondern allein aus der Absicht, die kritische Methode zu entwerten. Diese – welcher freilich manche ihrer eigenen Vertreter mehr geschadet haben, als alle Angriffe – ist in den historischen Disziplinen denjenigen lästig und zuwider, denen sie, durch lückenlose Ausbreitung der Materialien, die Möglichkeit benimmt oder schmälert, damit unkontrollierbar nach Willkür zu gebaren. Es stehen hier zwei Verfahrensweisen einander ähnlich gegenüber wie in der aktiven Politik die demokratische und die autoritäre Staatsform; und diese Ähnlichkeit ist gewiß nicht von ungefähr.

Bei der Darstellung von Goethes Leben, der Bestimmung seines Wesens, der Deutung seines Werks wird die ›autoritäre‹ Methode begünstigt durch den flachen und stumpfen Mißbrauch, der sich hierzulande seit langem, in jedem Sinn des Wortes, eingebürgert hat: daß dieses Dichters Schöpfungen und Schriften dem allgemeinen Rede- und Schreibbedürfnis offenstehen als ein Zitaten-Magazin, wo noch der Unzulänglichste zulangen darf, um seiner oft sogar schmutzigen Blöße den Schein von Ansehen zu verleihen; und wo die verschiedensten Parteien, welche nur in einem Punkt: der Unkenntnis des Großen, übereinstimmen, sich Fähnchen herausfetzen, mit denen sie fuchteln können.

Goethe teilt dieses Schicksal, wie kein zweiter Autor, mit der Bibel, und das bezeichnet sein Wesen deutlicher als manche Charakteristik. Die Einheit jedoch, die aus der Bibel erst gewonnen werden will im Zusammenstimmen, in der Konkordanz einer Jahrhundert-Reihe von Zeugnissen und Zeugen, sie ist in Goethes Persönlichkeit, der menschlich-umgrenzten, tausendfach selbst-bezeugten, bereits gegeben; und auf sie muß, gegen alle Versuche, sie zu vermünzen oder zu anthologischem Goldstaub zu verflüchtigen, immer wieder, und gerade bei Unternehmen wie dem gegenwärtigen, hingewiesen werden.

Sind doch sogar die Aufsätze und Abhandlungen des eigentlichen Goethe-Schrifttums in zunehmendem Maße ausgeartet zu Knüpf- oder Zusammenlegspielen mit Zitaten. Und haben doch selbst redliche und bedeutende Geister in gewisser Weise an dem erwähnten Mißbrauch teilgenommen: alle jene nämlich, die ihr Goethe-Bild, von dem festen Standpunkt einer Weltanschauung aus, als Relief zu profilieren suchten und noch suchen; da ein Jahrhundert der Betrachtung und Deutung denn soviel doch ergeben haben sollte, daß diese Darstellungs-Form sich verbiete vor dieser einzigen Gestalt: freistehend gleichsam in runder voller Plastizität, worauf unterm wandelnden Schein der Zeit nur die eigenen Schatten wandern, will sie von allen Seiten umschritten sein.

IV.

Hier pflegt nun selten der Hinweis auszubleiben auf die Widersprüche, die sich unleugbar durch Goethes Urteile und Äußerungen hindurchziehen, und von denen er selber nur wenige in förmlichem Widerruf behoben hat. Man beruhigt sich dann entweder damit, sie unter einander ›auszugleichen‹, d. h. neutralisierend zu vernichtigen; oder aber man leitet aus ihnen das Recht, ja, wie man vorgibt, eine Pflicht her zu Scheidung und Entscheidung, will sagen, zur Anwendung des ›autoritären‹ Verfahrens. Die Begründung kommt in beiden Fällen etwa darauf hinaus, daß einer halt viel rede, wenn der Lebens-Tag lang sei. Man ist so höflich, hinzuzusetzen, nicht etwa Wankelmut, nicht bloß die Abhängigkeit des Übersensiblen von

Stimmungen und Eindrücken sei schuld an jenen Wider-
sprüchen; die Fülle der Aspekte erkläre sich allein schon
aus der Fülle der Erscheinungen in diesen zweiundacht-
zig Jahren bewegtester Zeit. Hieran ist auch wohl etwas
Richtiges, wenn man bedenkt, welche Umwälzungen, von
Voltaire bis zu Hegel, von Friedrichs Kriegen bis zur Juli-
Revolution, in dieses Leben fallen, und wie etwa, beim
Gegenstande zu bleiben, Deutschland selbst – schon von
Haus aus ein klassisches Land der Widersprüche, der
›Kontraste und Paradoxen‹ – in diesen Epochen sich ge-
wandelt hat.
Dennoch – jener Einwand, diese Betrachtungsweise, sie
haften am Nacheinander zeitlichen Wechsels. Goethes eigenes »Die Welt ist voller Widerspruch / Und sollte sichs
nicht widersprechen?« – meint nicht den Zeit-Lauf der
Welt, sondern das gleichzeitige Nebeneinander in
ihr.
Goethe – das ist immer ein solches spannungsreiches Nebeneinander; ob er es polarisch nannte, Puls, Athem, Systo-
le und Diastole oder mit welchem Namen sonst. Goethe,
das ist das Sichwiegen ›zwischen beiden Welten‹; Furcht
vor dem Stillestehen als der Starre, gleichmäßige gesetz-
liche Bewegung, das immerwährend und immer wieder
neu herzustellende und zu behauptende Gleichgewicht;
ist das Wirken mit paarigen, ergänzend sich ineinander
fügenden Organen, auch im Geistigen. Das einzelne Wort,
wenn es nicht, dichterisch, dazu hilft, die Welt um Gestalt und Bild zu bereichern, soll Wagnis sein, ein ›Stein
im Brett‹, ein Schritt auf dem Weg; vereinzelt, bleibt es
ein zugespitzt-Unwahres. »Jedes ausgesprochene Wort erregt den Gegensinn«; auch und zumal in Goethe dem Spre-
cher selbst. Von daher nicht nur Mephistopheles, der jenen ›Gegensinn‹ ja geradezu verkörpert; von daher noch

117

in den Gedichten die Dialoge, Gegenstücke, Widerrufe; der diskursiv-dialektische Zug der vielen Sprüche; aber auch, in ihrem Dreischritt, der an Hegel denken läßt, die Trilogien, die dreistrophigen Gebilde. Daher das Rhetorisch-Advokatorische, das ihn befähigt, eines jeden Partei wirkungsvoll zu vertreten, aus jeglicher Seele heraus zu reden; das ihn an den alten Tragikern eben diese Fähigkeit so hoch bewundern und also den Euripides so schätzen heißt. Von daher wiederum, was er das Konziliante seiner Natur genannt hat; was ihn untauglich machte, die Gegensätze im vollen Ernst auf die Spitze zu treiben, untauglich zum Schroffen, Scheidenden, Lebendurchschneidenden der eigentlichen Tragödie, ihrem unausweichlichen Entweder-Oder; was ihm allenfalls erlaubte, aus dem bewachsenen Boden des Epos, in der Fülle der Motive, auch das Verderben erwachsen zu lassen. Von daher rühren manche späten Strophen, in denen Sinn und Gegensinn dann nicht mehr auseinandertreten, sondern als Kräftespiel in einer Schwebe des Worts beruhend aufgehoben sind – wovon sie so unbestimmt schimmern, als wolle ihr leibhafter Umriß vor einem Übermaß an innerem Licht ins Formlose schmelzen. Von daher, daß der ruhige Betrachter und Forscher, der lebenslang vom Subjekt zum Objekt die brüchige Brücke, die beharrlich stets neu zu bauende, des Versuches schlägt, am Ende über dem Schauen verstummt und nur noch ›sich selber weiß‹, was der Weltgeist ihm ins Ohr sagt. Von daher auch sein Euphemismus, entstanden aus dem Grunde schöpferischer Kraft; von daher schließlich dies selige Rühmen über allem Schmerz, das ›Es ist gut‹, der reine volle Einklang mit der Großen Ordnung; dies im eigentlichen Sinn Joviale, das vatergöttlich-Thronende seiner Natur, das ihn so hoch und milde, und wieder auch so kalt und fern erscheinen läßt.

V

Das Bild vom Jupiter, wie es sich den Besuchern des Alten immer wieder aufdrängt, ist erst gegen Ausgang des vorigen Jahrhunderts zur gipsernen Hohlform geworden. Um etwa die gleiche Zeit hat man Goethe den ›Lebenskünstler‹ genannt, im Sinne eines grandiosen Bonvivants, dem es gelungen sei, das Maximum an Genuß mit dem geringsten Einstand von Leiden zu erkaufen.

Es ist übrigens nur eine verfeinerte Form dieser Auffassung, wenn, auch heute noch, von Goethes ›Flucht in die Kunst‹ gesprochen wird. In diesem Ausdruck verrät sich die Kleinbürger-Meinung, Kunst sei dem Künstler ein zur Wahl gestellter Weg, ein Weg des minderen Widerstands; und es stünde dieser Weg auch den Unschöpferischen offen, die also von den Großen verführt werden könnten, ihn zu betreten.

Als wäre nicht im Gegenteil gerade dieses das Signum des Künstlers: daß er, vom Leben verfolgt wie alle, nicht gleich den meisten flüchtet, sondern sich stellt und es ins Auge faßt und nun es Schritt vor Schritt zurückzuweichen nötigt und vor sich her schiebt und treibt und jagt, den schmalsten, steilsten Pfad hinan, bis es sich endlich, mit fliegenden Pulsen, ergibt!

Vergesse man auch nicht, daß selbst dem Auserwählten der Weg zuzeiten verwehrt ist. Über der Fülle des Wortes, die der Dichter uns hinterließ, dürfen wir nicht überhören, wie oft auch er, als ein Mensch, in seiner Qual verstummen mußte. Was diesen Mund, selbst gegen die Getreuesten, verschloß, bis ein Blutsturz ihn aufbrach und das leibliche Herz an den Tod sich entzündete, das war nicht Trotz und Verleugnung, Kälte oder Wirklichkeitsscheu (– wir hätten hiervon vielleicht keinen so deutlichen Begriff ohne das, in der Zeit noch nahe Beispiel einer ähnlich gearteten, wenngleich minder kräftigen Natur: Hofmannsthals).

Und doch mögen auch wir Goethe als Lebenskünstler verehren; wenn damit der Empfänglichste, Empfindlichste bezeichnet wird, der Reizbarste, Störbarste, Verletzbarste; der es dabei versteht, sich immer wieder herzustellen; dem die sogenannte Gesundheit nur das beständig zu leistende Kunststück ist, Widerstrebendes ins Gleiche zu setzen; der die Krisen herbeizuführen, die Heilkräfte aufzurufen weiß; der sich am Leben hält, ans Leben hält, um Leben zu bleiben. Diese Operationen und Kunstgriffe einer höheren Equilibristik, er hat sie forschend und ahnend von der Großen Mutter selbst überkommen. Seinem ganzen Werk hat er diesen Pulsschlag mitgeteilt, und noch jene Partien, die nicht in ihrer Form schon die Gewähr der Dauer tragen, verstehen sich aufs Leben und Weiterleben. Dürfen wir Homer, Dante, Shakespeare Ewige nennen – sie, deren irdisches Dasein uns so unbekannt ist, wie das seinige vertraut – so könnte Goethe schlechthin der Lebendige heißen.

VI.

Das spannungsreich-gleichgewichtige Wesen, zu dem Goethes Natur in unablässiger Selbstbildung sich vollendet hatte, traf nun in den Deutschen auf einen ihm verwandten gewaltigen Drang nach Allumfassung, zugleich aber auch auf eine angespannte, selbstische Ausschließlichkeit, die ihm entgegengesetzt, die ihm zuwider war; wie tief, das läßt sich an der Heftigkeit seiner Äußerungen ermessen. Alles, was er am Deutschen tadelt, beklagt, anklagt, hat hier seinen Grund.

Kaum je finden wir übrigens bei ihm die negativen Urteile allgemeiner Art, die in der Charakteristik der Völker unter einander so hergebracht sind. Ausdrücklich wird immer wieder die Menge getrennt von den einzelnen. Der Tadel richtet sich fast immer gegen jene; insofern sie, als Publikum, sich zum Urteil befugt glaubt oder, als politische Mehrheit, zu handeln vermeint. Die einzelnen werden anerkannt, ja gelobt, mit Ausnahme der wenigen, die, als der Menge herrschsüchtige Knechte, um nur zu zählen, ihre brüchigen Existenzen auf die gemeinsamen Nenner der Klüngel und Cliquen bringen müssen. Auch wo sie nicht ausgesprochen ist, dürfen wir bei Goethe diese Unterscheidung zwischen Menge und einzelnen voraussetzen; redet er scheinbar allgemein von den guten, den lieben Deutschen, so ist allemal die Menge gemeint.

Aber selbst in solchem Verwerfen ist Goethes Urteil nie ausschließlich, nie absolut. Er weiß gewisse Fehler unabtrennbar mit gewissen Vorzügen – nicht krankhaft, sondern ursprünglich – verwachsen.

Umsomehr haben wir daher überall dort aufzumerken, wo er, als der ›getreue Eckart‹, Rat erteilt. Hier können wir sicher sein, daß er die Übel, vor denen er warnt, nicht für unabwendlich, nicht als ewiges Erb und Eigen ansieht, daß er das Gute, das er anempfiehlt, auch für erreichbar hält. Hier heißt er uns hoffen auf Mittel der Änderung und glauben an Fähigkeiten in uns, die ihnen entgegenkommen.

Goethe redet ja nicht von außen, nicht von oben her auf uns ein. Wie würden wir in ihm eine Vollendung deutschen Wesens erblicken können, wie wollten so viele unserer Guten und Besten sich an ihm zurecht-, in ihm sich wiederfinden ohne innige Verwandtschaft? Alles, was er an den Deutschen zu rühmen weiß, besaß er auch selber;

und von den Fehlern und Lastern, die er an ihnen rügen muß, hat er zuvor genug an oder in sich getragen.

Höher noch als seine Worte darf so sein eigenes Dasein, ein Bildnis dessen, was dem Deutschen möglich war, uns mahnend und ermutigend als Verheißung erscheinen.

VII.

Die hier versammelten Äußerungen sind im Lauf eines halben Jahrhunderts entstanden; es sind zu einem großen Teil gelegentliche Bemerkungen, zu einem kleineren sogar nur beiläufige; man wird von ihnen nicht systematischen Zusammenhang erwarten. Aber sie deuten fortgesetzt auf die hohe Wert-Ordnung im Geiste dessen hin, von dem sie stammen. Und wenn es unserem besten Wollen und Vermögen nicht gelingen wird, sie in sich befriedigend zu ergänzen, so finden sie doch eine Ergänzung weit vollkommenerer Art in den zwei großen Werken, die – nicht absichtlich, doch in der Tat – den Deutschen ›musterhaft‹, das heißt als Typus, verkörpern: im ›Wilhelm Meister‹ und im ›Faust‹. Auch sie bilden, wie sie ineinandergreifen mit den verschiedenen Mitteln ihrer Gattungen, der Roman und die Tragödie, eins jener paarigen Organe Goethescher Welt-Umfassung und -Bewältigung.

Sehen wir einmal von ihrem übrigen Reichtum ab und nur auf das hin, was sie uns als Deutschen heute zu sagen haben, so können wiederum die einzelnen Glieder unserer Zusammenstellung den Blick zu schärfen beitragen. Was diese vernünftig und verständig, tendenziös, sententiös, als Aperçus, Maximen und Reflexionen, aussagen oder predigen, das verkünden jene beiden Werke in der wortlos eindringlicheren Sprache von Bild und Geste, Handlung und Gestalt.

Es ist der Appell: wir möchten auf dem Wege, auf den wir verwiesen scheinen wie kein anderes Volk, auf dem Wege individueller Entwicklung, uns aus der Massenhaftigkeit erheben; nicht aber nun verstiegen zu jener selbstischen Ausschließlichkeit, die immer auch ein Ausgeschlossensein bedeutet; sondern weiterschreitend zu dem Ziel einer Gemeinschaft.

Gemeinschaft der Geister durch Zonen und Zeiten – sie gehört zu Goethes Credo. Zu solcher ›edlen Geisterschaft‹ ruft er auf: sich an die Vorfahren zu binden, in Pietät, zur Tradition; und an die Gleichzeitigen, zu fruchtbarem Zusammen- und Wechselwirken, in Duldsamkeit, Schonung, Wohlwollen; im Anerkennen oder doch Geltenlassen auch jedes andersgerichteten ernsthaften Strebens.

Das sind Grundsätze, die gewiß ein Unerreichliches aussprechen; die dessenungeachtet aber, als leitende Gestirne, sich, wo man ihnen folgt, zum Guten bewährt haben, selbst in politischen Gemeinwesen von gewaltigem Umfang, und bis in unsere Zeit herein.

Goethe – Weltbewohner und Weimaraner – ist der größte Deutsche und konnte zugleich ein größter Europäer werden. Er ist es geworden in dem Maße, wie er frei war, sich frei gemacht hat von den Eigenschaften, an denen der Deutsche krankt. Auch dies ist, im Hinblick auf unser Leben unter den Völkern, ein Anruf.

Hans-J. Weitz.

Die Sammlung, die wir hier wieder vorlegen, ist zuerst – unter der Überschrift ›Goethe: Die Deutschen‹ – 1948 in einer Zeitschrift des Südverlags, Konstanz, erschienen (›Vision‹, herausgegeben von Gerhard F. Hering – Drittes Heft); in Buchform sodann, stark vermehrt, mit einem Nachwort und mit Quellen-Nachweisen und Register versehen, im selben Verlag, zur Zweihundertjahr-Feier von Goethes Geburt. Der Band war Anton Kippenberg, dem Goethe-Kenner und -Sammler, »zum Jahre 1949« gewidmet, in welches auch sein fünfundsiebzigster Geburtstag fiel.

Als 1963, dreizehn Jahre nach Kippenbergs Tod, der von ihm zu Erfolg und Ruhm geführte Insel-Verlag an den gegenwärtigen Inhaber und Leiter überging, wirkte dessen Wunsch nur folgerecht: die Sammlung in die Insel-Bücherei aufzunehmen. Unter dem nun berichtigten Titel ›Goethe über die Deutschen‹ (1965) wurde sie abermals um zahlreiche Äußerungen erweitert; an die Stelle des ›Nachworts‹ von 1949, welches, »für eine nun schon historische Stunde bestimmt«, als entbehrlich angesehen werden konnte, trat eine knappe ›Nachbemerkung‹.

Heute, wo das Insel-Bändchen Nr. 851 seit langem vergriffen ist, erscheint die Sammlung in neuer äußerer Gestalt. Die innere ist kaum verändert; immerhin haben die Äußerungen Goethes nochmals um einige vermehrt werden können. Dabei mußte der Herausgeber sich allerdings hüten, Formulierungen aufzugreifen, die zunächst, verblüffend, zur sofortigen Anwendung auf die Gegenwart herauszufordern schienen, etwa diese: »*Die deutsche Welt ist sehr leer an allem Echten*«. Der Kontext nämlich zeigt, daß der Satz – zu Beginn der ›Campagne in Frank-

reich‹ nach Weimar gerichtet, an den Freund und Kunst-
Berater J. H. Meyer, Trier, am 25. August 1792 – sich auf
Denkmäler des Altertums bezieht, wie der von Rom her
Verwöhnte sie in jener Gegend zu finden gehofft hatte.
Es heißt da weiter: »Doch wollen wir nicht ganz verzweif-
len. Hier steht noch der Kern eines alten römischen
Mauerwerks, der ganz trefflich ist…«
Die wahre Aktualität der in diesem Band vereinigten
Urteile Goethes, welche im Jahr 1949 Karl Jaspers und
Thomas Mann bewegte, hat sich, so meinen wir, seitdem
nicht vermindert.
Wenn das ›Nachwort‹ von 1949 den Texten jetzt wieder
beigefügt ist (unverändert, obwohl sein Verfasser manches heut anders sagen würde), so aus eben dem Grund,
der es eine Zeitlang entbehrlich erscheinen ließ: jene
»nun schon historische Stunde« – im Jahre 1965 jedem
von uns oft noch beklemmend nah – hat es ein Menschenalter nach dem ersten Erscheinen der Sammlung wohl
wieder nötig, in das Gedächtnis gerufen zu werden.

Im Frühjahr 1978.   HJW

Zu den Bildern

Bildnisse Goethes
1. Um 1780 – Büste in Gips von Martin Gottlob Klauer; Frontispiz
2. 1779 – Kreidezeichnung von Jens Juel; Seite 8
3. Um 1794 – Aquarell von Johann Heinrich Meyer; Seite 14
4. 1806 – Ölgemälde von Ferdinand Jagemann; Seite 21
5. 1814 – Ölgemälde von Karl Joseph Raabe; Seite 32
6. 1817 – Kreidezeichnung von Ferdinand Jagemann; Seite 56
7. 1816/23 – Marmorbüste von Johann Gottfried Schadow; Seite 63
8. 1826 – Kreidezeichnung von Ludwig Sebbers; Seite 82

Umschlag; wie Seite 32

insel taschenbücher
Alphabetisches Verzeichnis